LA FELICITÀ È UNA CONQUISTA

Un viaggio in… *solitarietà*

Daniela De Girolamo

A Spritz, mio fedele compagno peloso di viaggio e di vita.

A nonno Mimmo, Uomo dal cuore immenso,

grande amore della mia vita, andato via troppo presto.

A nonna Tita, che aspettava questo libro

col grande orgoglio che ha sempre avuto per me

e che mi ha lasciata poco prima di poterlo vedere finito.

A mia madre, Amica e Donna speciale,

colonna portante della mia vita e della mia avventura.

A mio fratello e ai miei amatissimi nipoti.

A tutte le persone incontrate fino ad oggi,

ancora presenti o in viaggio per altre strade,

che mi hanno resa la persona che sono.

Alla mia psicoterapeuta, la Dott.ssa Nancy,

al mio webmaster e amico Giuseppe Ciavorella,

alla creatrice del logo e carissima amica Loredana Petrone de "Il libro Magico",

a Francesco, Giovanna, Katia, Stefano, Marco e Laura,

Diego e Inma, Fabio e Stefania,

e a tutte le persone che mi supportano quotidianamente nella mia vita on the road.

A tutti i miei follower e ad ognuno di voi che leggerà le mie parole.

Tutto il sacrificio del duro lavoro fatto per scrivere questo libro

va ad ogni germoglio che nascerà da una qualunque delle parole che troverete qui

dentro.

Proprio come successe a me con Stella, la ragazza di cui vi parlerò fra poco.

Buon viaggio a tutti quanti, amici miei!

INDICE

Un viaggio nel viaggio!

Era il settembre 2018 quando decisi di mollare tutto e andare a vivere in camper. Tutto immaginavo e pensavo di fare. L'insegnante di surf, la cameriera, l'animatrice… Tutto tranne quello che poi è realmente diventato il mio lavoro: aiutare le persone a trovare il coraggio di vivere in camper o nel loro posto preferito nel mondo, alla conquista della propria felicità. Ancor meno avrei mai immaginato di scrivere un libro, ma ho sentito crescere questa esigenza dentro di me alla stessa velocità con cui sempre più persone, sui social o per strada, mi dicevano "Beata te".

Ho girato più di quindici Paesi europei e guidato per centinaia di migliaia di chilometri, ma c'era una cosa che accomunava tutte le persone che incontravo. Indipendentemente dall'età e dal sesso, avevano la convinzione che io possedessi una qualche bacchetta magica che loro non avevano e non avrebbero mai potuto avere!

Mi sono resa conto che a volte è più facile vedere chi realizza qualcosa che in molti sognano come un beato. O ancora, è più semplice pensare che chi ha la vita che desidera sia solo fortunato, specialmente se si tratta di una donna, magari single, calabrese, di soli trentatré anni e con alle spalle un'infanzia molto difficile.

Sicuramente è più conveniente, a volte, accettare la propria vita così per com'è, piuttosto che farsi delle domande scomode che spesso portano a risposte ancor più scomode.

Dovrei forse sentirmi lusingata nel sapere che molte persone, esclamando "Beata te", invidiano me e la mia vita? Io, in realtà, la sola cosa che provo è un senso di impotenza, perché vorrei che tutti si vedessero proprio come vedono me: persone capaci di essere felici.

Sì, è proprio così... la felicità è alla portata di tutti, ricchi e poveri, giovani e meno giovani, persino di chi ha o ha avuto una vita poco o per nulla comoda. Sicuramente per alcuni sarà più facile e per altri meno, qualcuno ci riuscirà prima, altri dopo, ma con coraggio e determinazione chiunque può conquistarla.

Alcuni dei concetti che esprimo in questo libro magari sono stati già trattati da psicologi e coach di tutto il mondo, pertanto non tutte le citazioni presenti sono originali. Tuttavia, ciò che rende unico questo libro è che narra di una storia vera: la mia! Parla della mia esperienza personale, attraverso la quale ho messo in pratica ciò che prima leggevo solamente e che, a volte, mi sembrava pura utopia. Con la mia testimonianza vorrei infatti far sapere a tutti che quei concetti non sono solo teoria e che tutto è possibile se lo si vuole davvero! Bisogna far proprie tali nozioni e unirle a una buona dose di coraggio e determinazione per riuscire a stravolgere la propria vita. Giorno dopo giorno.

Questo libro vuole offrire, appunto, un concentrato di modi alternativi di vedere ogni cosa con nuovi occhi e ogni ostacolo come un'opportunità. Vuole essere uno spunto di riflessione per tutti coloro che, vedendo dove sono oggi, pensano che io abbia un padre notaio alle spalle o che abbia ricevuto una ricca e fortunata eredità.

Vorrei loro raccontare l'inizio della mia storia perché capiscano il lavoro che c'è dietro a tutto questo e perché smettano di dirmi e dire a se stessi: "Che invidia, piacerebbe anche a me, ma…" Vorrei che sappiano che anche io avevo mille paure e mille "ma". "Ma", semplicemente, ho solo creduto in me stessa!

Non sono affatto gelosa dei miei traguardi. Vorrei, anzi voglio, vedere persone realizzate e felici intorno a me, nel mondo, e spero che il mio libro possa ispirare quante più persone possibili a diventare la migliore versione di sé.

Credo che tutti noi abbiamo un forte bisogno di sorridere, di gioire, di essere grati alla vita, di amare e sentirci amati. E non importa se viviamo in un camper, alle Bahamas o in un bilocale a Torino! Sogno un mondo dove le persone felici come me non siano affatto considerate beate… Sogno un mondo pieno di persone felici.

Per questo oggi ti porterò a bordo del mio camper, alla scoperta di chi sono davvero e di come sono arrivata fin qui, e ti svelerò tanti piccoli segreti sulla vita in camper. Capirai che chiunque può iniziare a cambiare la sua vita oggi stesso, proprio come ho fatto io, chilometro dopo chilometro o passo dopo passo, dritto nella direzione dei propri sogni.

Sarà come viaggiare virtualmente con me, in una giornata intensa, commovente e ricca di aneddoti e ricordi, a volte tristi, ma grazie ai quali anche tu ti sentirai capace di conquistare la tua felicità.

Benvenut@ a bordo e buona felicità!

L'alba del "qui ed ora"

Un flebile raggio di sole riesce a trapassare la tenda marrone con la quale sono solita coprire il parabrezza di notte. Mi scalda la pelle e, baciandomi le labbra, mi regala il più dolce dei buongiorno.

Sono ancora indecisa se alzarmi o continuare a rotolarmi nel letto. Vorrei restare a poltrire ancora un altro po'... si sta così bene nel tepore delle mie lenzuola al profumo di argan! E tra un "alzati presto e approfitta per fare tante cose" e un "ma sì, a chi devo dare spiegazioni?", un altro giretto decido di farlo. Mi lascio coccolare dal concerto che gli uccellini del luogo hanno deciso di dedicare proprio a me. "In fondo", mi dico per giustificarmi, "fare attività fisica e alzarsi presto sono tanto importanti quanto dormire bene, almeno otto ore al giorno, e prendersi cura del proprio corpo vuol dire anche farlo riposare a sufficienza!"

Del resto, ieri è stato un giorno di viaggio intenso, più di cento chilometri a bordo del mio Extreme, un camper motorhome di sette metri e venti, la mia casetta su ruote. Per risparmiare i soldi dell'autostrada ho percorso strade statali e provinciali per quasi tre ore, tra uno sportello dimenticato aperto, una sosta per fare pipì e una per caricare una storia su Instagram. Inoltre, come succede spesso nei giorni in cui sono in viaggio, ho fatto commissioni su commissioni:

spesa, lavatrice, gasolio e il pieno di GPL alla bombola ricaricabile. Anche perché, non so mai quanto deciderò di rimanere in un posto una volta arrivata! E poi, prima di fare carico e scarico delle acque, ne ho approfittato per fare un po' di pulizie straordinarie e, ovviamente, una gran doccia senza preoccuparmi troppo dell'autonomia del serbatoio! All'arrivo ho fatto ben sei tentativi di parcheggio per essere certa di aver parcheggiato in bolla, avere una bella vista ed essere ben esposta al sole, così da sfruttare al massimo i pannelli fotovoltaici e far sì che il sole entri presto dalle finestre per scaldare la cellula del mio camper. In realtà c'è stato anche un settimo tentativo, perché (devo ammetterlo!) avevo scordato di controllare il terreno davanti alla porta del camper e, mettendo il piede a terra per uscire, la scarpa si è riempita di fango!

Sinceramente, non ho nemmeno idea di che giorno sia.

Da quando vivo in camper,
il sole è il mio orologio e il cuore la mia bussola

Questo per me significa prendermi delle "licenze artistiche", tra cui fare a meno di dare un nome alle giornate.

Credo di riuscire solo adesso, in questa dimensione, a capire la sensazione che prova un feto nel grembo materno nei suoi primi istanti di vita. Non so bene in quale città sono o, quantomeno, adesso non me lo ricordo. Qui è tutto buio, calmo e sereno. Sento persino il rumore del silenzio e sono esattamente nel mio "qui ed ora". Non sono fuori tempo, o forse sì. Semplicemente mi godo questo preciso istante, senza essere proiettata in inutili preoccupazioni sul futuro, né imbrigliata in tristi ricordi del passato. L'attimo presente è così intenso che non ho tempo per pensare a cose che non mi appartengono, come ieri e domani. E quando smetti di pensare, proprio in quel momento inizi a sentire il rumore del silenzio.

Non è sempre stato così... Ricordo bene l'esatto istante in cui successe per la prima volta, anche se sono già passati ben sette anni. Dopo una vita di docce fredde sulla spiaggia e cene take away, per evitare di mettermi in coda nell'ora di punta, a bordo della mia C1 rosso fuoco, mi accorsi che rimanere a godermi il tramonto in spiaggia non era più solo una mossa astuta per scansare il traffico... era diventato proprio quello il momento più bello di tutta la settimana. Fu così che decisi di comprare un camper per rendere quella esperienza ancora più intensa e poterla ripetere ogni volta che ne avevo voglia. Ma io sono così, tra un "quasi quasi" ed un "ecco fatto" ci metto meno del tempo che ci mette il mio stomaco a digerire un panino con le frittole! Perciò, battendo ogni record, dopo solo tre giorni tornavo da Lamezia Terme a bordo del mio primo camper. Un grosso incidente di percorso, però, ha fatto ritardare di ben tre mesi la mia prima notte in camper e quando finalmente è arrivata, tutto è cambiato.

Avevo parcheggiato il mio Snowflake in una spiaggia a trenta chilometri da Reggio Calabria, la città in cui sono nata ed in cui ho vissuto, tra un trasferimento e l'altro, fino all'alba dei miei trentatré anni. La meta non era particolarmente turistica, ancor meno il giorno dell'anno: una domenica sera qualunque. Nonostante la serata fosse straordinariamente magica, per l'impossibilità di distinguere la linea dell'orizzonte grazie ad un mix perfetto di correnti e venti, la gente si era improvvisamente volatilizzata. Molto probabilmente rientrava in città per prepararsi a una nuova settimana lavorativa… Ma che senso ha mettersi tutti in fila alla stessa ora (ora di punta tra l'altro!) con la speranza di arrivare a casa in tempo per la cena, pur sapendo benissimo che si formerà una coda indescrivibile e che il rientro sarà ben più tardi del previsto? Credo che la loro sia solo abitudine. Rientrare a casa per cena, fare una bella doccia bollente e mangiare un bel pasto caldo davanti a una tavola apparecchiata con piatti decorati e posate più lucide che mai e in sottofondo il programma tv preferito. Uscire dalla routine proprio non è contemplato! Non sarebbe meglio, invece, cenare in spiaggia al tramonto e aspettare di partire quando le strade sono vuote, come faccio io da anni? Iniziavo a pensare che forse per me era meglio così!

Rimasi finalmente sola davanti a quell'incredibile spettacolo gratuito offerto dalla natura. Quella sera sentii per la prima volta, o forse ci feci caso solo in quel momento, che

Il silenzio a volte fa davvero rumore

All'inizio rimasi perplessa, una sensazione per certi versi insolita, mai provata prima, che in cuor mio non pensavo potesse fare così tanto rumore. Avevo già dormito in spiaggia diverse volte dopo le mie cene improvvisate, sia in macchina sia in tenda, che senza, direttamente con due tovaglie in stile hamburger, una sotto e una sopra… ma quella sera l'atmosfera era diversa. Nonostante avessi fatto un upgrade non indifferente e avessi per la prima volta tutti i comfort, che in quel momento mi sembravano un vero lusso, mi sentivo inquieta e stavo vivendo un contrasto di emozioni che mi portavano via da quello che doveva essere un momento indimenticabile.

Rosso il pacifico tramonto calabro di quella sera, come rosse le impetuose fiamme che, tre mesi prima, avevano distrutto il mio primo camper, Gran Soleil, un mansardato dell'ottantaquattro, di soli cinque metri, vintage ma ancora in ottimo stato. Già immaginavo, durante il viaggio da Lamezia dove ero andata a ritirarlo, di restaurarlo io stessa… mi è sempre piaciuto "mettere le mani in pasta"! Lo avrei trasformato in un camper di tutto rispetto, accogliente e funzionale allo stesso tempo, con pannelli solari e tutto ciò di cui avevo bisogno per i miei lunghi viaggi. Avrei percorso con lui non troppi chilometri e poi lo avrei rivenduto, così da ricavare i soldi per comprarmene un altro, più grande e moderno. Ma, in un attimo, tutto quello che credevo fosse "mio", semplicemente non esisteva più. Durò solo due giorni l'entusiasmo di avere un camper tutto per me, così poco da essere riuscita solo ad assaporare la partenza imminente per il Gargano. Sognavo mete sconfinate, immersa nell'odore di pulito. Infatti, da vera maniaca della pulizia, stavo lustrando ogni angolo della mia nuova casetta su ruote. Ero così inebriata dal profumo di lenzuola e tende appena lavate che avevo già dimenticato la fatica di sfoderare e rifoderare divani e materassi. Mancava solo il pieno di gasolio e il rifornimento di cibo che avrei fatto l'indomani, il giorno prima della partenza. Ma l'indomani l'unica cosa che feci fu raccogliere le ceneri del mio sogno andato in frantumi! Avevo le lacrime agli occhi, mi sentivo persa e in preda al panico per qualcosa che avevo desiderato con tutta me stessa e che, tutto ad un tratto, non c'era più. Mi sentivo impotente e pervasa dal dolore. Oltretutto, ero quasi certa di chi fosse il colpevole, e questo mi faceva ancor più rabbia! Era come se, con l'incendio, il tempo si fosse fermato e la realtà avesse perso i suoi colori più brillanti per lasciare spazio a un grande senso di vuoto e frustrazione.

Eppure, quella sera di pochi mesi dopo, davanti al tramonto calabro, a bordo del mio nuovo camper, quella rabbia iniziava ad assumere tutto un altro significato.

Sola e avvolta dal rumore del silenzio, mi fermai un attimo ad ascoltare ed ascoltarmi. La paura inizialmente mi pervase, come succede per tutte le cose nuove. Ma appena cominciai a familiarizzare con quello che stavo provando interiormente, all'improvviso mi esplose un sorriso quasi ridicolo sul volto. Era incredibile perché, per la prima volta, senza rendermene quasi conto, stavo dimenticando le pene vissute in seguito a quella che fino a pochi giorni prima era stata per me una vera tragedia ed ero esattamente dove volevo essere!

Hendoku-iyaku

Il percorso che mi ha portato dove sono oggi, insegnandomi a vivere nel mio "qui ed ora", godendo di ogni attimo che la vita mi ha regalato, è stato lungo e difficile. Ho dovuto analizzare e mettere in discussione tutti quei preconcetti che la mia famiglia e la società avevano in buona fede instillato in me. Primo tra tutti, la religione.

Da sempre ho provato poca connessione con la "mia" religione di nascita (il Cristianesimo), ma mai avrei pensato possibile una inconscia e lenta, ma completa e profonda, traslazione verso altre religioni o discipline. Un giorno, però, nemmeno a un anno di distanza dal famoso incendio, conobbi "per caso" una ragazza. Mi trovavo a Catania per un congresso di Kizomba. Per cena, io e la mia amica Concy, che era partita con me, decidemmo di partecipare ad un giro pizza. Peccato che per essere accettate era necessario formare un tavolo di almeno sei persone. Che sfiga, tutte a me capitano! Fu così che decisi di attaccare bottone con un gruppo di quattro ragazze che avevano lo stesso nostro problema e, in men che non si dica, ci ritrovammo ad unire le nostre forze, spinte dal principale istinto di sopravvivenza. Ma presto quella sfiga si sarebbe rivelata molto più di una semplice cena tra sconosciute e quel sacrificio iniziale sarebbe diventato il più bel regalo mai ricevuto dall'universo! Tra un trancio di margherita e una quattro stagioni, mi cadde l'occhio sul tatuaggio della ragazza davanti a me, di cui purtroppo non ho mai ricordato il nome ma che ho deciso che si chiamasse "Stella"! C'era scritto *Hendoku-iyaku,* termine giapponese che significa:

Trasformare il veleno in medicina

I buddisti usano spesso questa espressione per descrivere la pratica di "trasformare una situazione difficile, negativa o dolorosa, in qualcosa di positivo, da cui trarre insegnamento".

Parlammo ancora un po' con quella che si era appena convertita nella mia nuova musa ispiratrice, anzi parlammo quasi tutta la sera della stessa cosa. Più parlavamo, più mi sentivo a mio agio e più mi rendevo conto che stavo trovando un nome al mio nuovo cammino. Dopo anni di scetticismo che mi avevano portata a diventare prima atea e poi repellente a quelle che per me erano grosse incoerenze della religione cristiana, sentivo in me una scintilla. E anche lei, di volta in volta che le esprimevo i miei personali punti di vista sull'amore e sulla vita, rivedeva in me sfumature della filosofia buddista. O almeno così mi disse.

Stavo iniziando a chiudere un cerchio di punti che fino a quel momento erano un po' sospesi nel nulla. Mi chiedevo spesso come si potesse vivere senza credere in niente e nessuno, e quella sera scoprii una delle cose che avrebbero cambiato la mia vita per sempre! Non solo avevo di nuovo un Dio, ma lo sentivo più vivo che mai perché quel Dio ero proprio io. Sì, non avrei dovuto adorare, pregare o chiedere sempre una grazia a un Dio creatore o salvatore. Il mio progresso nel mio cammino verso l'illuminazione sarebbe dipeso solo dal mio impegno. Sono sempre stata meritocratica e l'idea di guadagnarmi i miei traguardi e le mie "beatitudini" mi è sempre piaciuta. Ero eccitatissima!

Non mi è mai piaciuto etichettarmi in una categoria piuttosto che in un'altra, e non avrei iniziato a farlo da quel momento, appiccicandomi addosso il nuovo bollino "io sono buddista" sul petto. E tanto meno Stella ha deluso la sua premessa/promessa: "Non voglio e non devo convincere nessuno, perché nel buddismo non esistono prediche ma solo persone che se ne sentono parte in maniera naturale".

Wow! Questo è sempre stato il mio modo di pensare e, insieme a tutte le nuove perle che stavo raccogliendo quella sera, il mio non sarebbe stato più solo un semplice cerchio da chiudere ma una splendida collana che nulla avrebbe avuto a che fare con l'oro di papi e chiese. Ero sempre più curiosa e desiderosa di scoprirne di più una volta tornata a casa.

Dopo tante letture, approfondimenti e visite a templi buddisti, appena rientrata a casa, fu chiaro in me che quell'incontro era stato decisivo nel condurmi verso il mio nuovo percorso. Ho trovato in esso la mia massima espressione. Lentamente la mia vita ha iniziato a ispirarsi alla via della meditazione e la Natura è diventata il luogo perfetto in cui piantare il semino della mia spiritualità, dove sarei tornata ogni giorno, senza alcuna costrizione.

Tutto questo mi avrebbe portato a scoprire me stessa, con tutto ciò che ne comporta. Però, per mettere in pratica il tutto, ho dovuto, come prima cosa, liberarmi di quello che mi ancorava ad una realtà tradizionalista, inserita in schemi per me troppo rigidi, che mi allontanavano dal viaggio più bello che avrei intrapreso da quel momento in poi.

Fu allora che iniziai a vedere l'incendio del mio Gran Soleil come ciò che mi aveva dato la possibilità di risorgere come un'araba fenice e iniziare a vedere gli ostacoli come veri e propri trampolini di lancio per ripartire ogni volta più forte di prima. Avevo un nuovo mantra:

Vivere nel "qui ed ora"

E vivere nel "qui ed ora", proprio come accadde la sera della mia prima notte in camper, davanti al tramonto calabro, significa esserci in questo preciso istante. Significa essere nel presente non solo col corpo, ma anche e soprattutto con lo spirito. Significa, come forse già sapevo ma non avevo ancora interiorizzato, esserci senza angosciarsi per il passato o aver paura del futuro.

Tutto iniziava a incastrarsi alla perfezione. Come il film che vidi successivamente e che mi illuminò ancora di più. Il titolo era "La forza del campione". Il protagonista, Dan, è un ginnasta di talento che durante il suo percorso di preparazione per le Olimpiadi fa un incidente in moto, mettendo a rischio la sua carriera. Tutto cambia dopo il suo incontro con Socrate, il quale presto diventa il suo maestro di vita. C'è una scena del film durante la quale Socrate dice a Dan: "Non succede mai niente nel mondo". Se analizziamo bene questa frase, possiamo interpretarla in due modi: nel mondo non succede mai nulla, oppure, considerando la doppia negazione, nel mondo succede sempre qualcosa. Il bello è che potrebbero essere vere entrambe le interpretazioni! Sta a noi decidere come vedere ciò che succede nel mondo e, soprattutto, se vederlo o tenere la nostra mente occupata in cose del passato e del futuro che non ci permettono di vivere l'unico momento di cui siamo veramente padroni, il "qui ed ora".

Come diceva Socrate, avrei solo dovuto buttare via la spazzatura dalla mia mente.

Non è semplice distaccarsi da un'emozione, ma credo sia l'unica soluzione per vivere le cose che ci capitano quotidianamente come una fonte di apprendimento e non come una catastrofe.

Il mio Gran Soleil andato in fumo era già parte del mio passato e, dunque, non faceva più parte del mio presente. Dovevo prendere da questo evento l'insegnamento necessario, il significato profondo, e andare avanti.

Feci come mi consigliò la Dott.ssa Nancy, la psicoterapeuta che mi ha aiutata molto nel mio percorso. Mi disse, durante una nostra seduta: "Sai Daniela, un giorno il mio maestro, per spiegarmi un concetto, fece una scenetta con un libro. Prima se lo spiaccicò in faccia provando a leggere, ovviamente senza riuscirci. Allora lo allontanò alla distanza del suo braccio completamente steso, nuovamente senza successo. Fu lì che capii la lezione, ovvero che per poter leggere la vita e le cose che ci succedono, bisogna guardarle alla giusta distanza!"

Fin quando avrei avuto la vita e la salute, ogni cosa si sarebbe potuta recuperare. Avrei trasformato il veleno in medicina! Avrei messo in pratica i miei primi veri Hendoku-iyaku. Avrei iniziato a guardare ciò che era andato in fumo non più come il mio sogno, ma solo come un mezzo che mi avrebbe portata a raggiungerlo e la persona che aveva fatto quel gesto come un povero squilibrato che vagava nelle tenebre. Non avrei permesso alla sua lotta interiore di rovinarmi la vita, oltre che il mio primo viaggio, perché, come dice Charles Rozell Swindoll:

La vita è 10% ciò che ti accade e 90% come reagisci

E la mia vita, purtroppo o per fortuna, mi ha spinto tante volte a terra. Tanto che, prima della psicoterapia, ho pensato più volte al suicidio. Allo stesso tempo però mi ha costretta a scegliere tra mollare o reagire e ovviamente ho sempre scelto la seconda opzione. Il solo pensiero di dare un dolore così grande a mia madre mi ha sempre riportata immediatamente alla lucidità. E poi stavo anche diventando molto brava a gestire le mie crisi. Potrei quasi dire che ero già talmente tanto abituata alla sofferenza, sin da bambina, che stava diventando anch'essa una sorta di zona di comfort. Ovviamente non intendo che ci stavo comoda, ma che col passare degli anni ne ero sempre più assuefatta. Mi faceva sempre un po' meno male, ecco! Certo, arrivare alla totale assenza di sofferenza è più impossibile che raro, o almeno nel mondo occidentale, ma, grazie anche ad una delle nuove perle della mia collana, ovvero il

Praticare il non attaccamento alle cose e alle persone

oltre che al mio percorso di psicoterapia e di crescita personale intrapresi da anni, notavo come l'intensità e la durata dei periodi di sofferenza erano sempre più brevi e meno intensi. Tanto da sviluppare, col tempo, un master in "non attaccamento", sia per le cose positive che per quelle negative. Ed il bello è che, una volta che sei allenato bene, puoi vincere tutte le sfide della vita "semplicemente" cambiando prospettiva!

Ad esempio, iniziavo a lavorare sulla gelosia, anche se non lo sono mai stata eccessivamente, capendo che era solo un limite mentale ed un problema mio, e che dunque solo io avrei potuto risolvere perché non sarei mai riuscita ad avere il controllo su ciò che faceva l'altro. O a non aspettarmi sempre qualcosa da qualcuno perché se poi non arrivava, ovviamente, ci rimanevo male. Capivo che tanto gli altri non cambiano, o li accettiamo per ciò che sono o, se pensiamo che non ne valga la pena, li allontaniamo. Oppure ancora, ricordo le prime volte che tornavo dai miei viaggi e mi sentivo molto triste per quello che avevo lasciato: luoghi, esperienze e nuove conoscenze. Capii presto che quello che stavo provando in quel momento era ciò che mi avrebbe permesso di fare un nuovo viaggio, con nuove conoscenze e nuove esperienze. Queste mi avrebbero portato, a loro volta, nuove gioie e nuove emozioni, che sarebbero finite per lasciare spazio ad altre ancora! Se al mio primo viaggio da sola a Roma, a diciotto anni, avessi deciso di rimanere lì per sempre, presa da quella bellissima esperienza, e un giorno non avessi deciso di staccarmene, non avrei successivamente visto altri trenta paesi in quattro differenti continenti e oggi non vivrei in camper. Cominciavo praticamente ad essere grata alla momentanea tristezza perché iniziavo a collegarla a un passato felice. Iniziai a capire che le due cose erano quasi collegate e che non c'era felicità senza un pizzico di tristezza o forse addirittura che

***A volte la tristezza non è altro che
il prezzo da pagare per essere stati veramente felici***

Perché nessuno è triste dopo la fine di una brutta esperienza. E si sa, tutto ha un inizio e una fine, che lo si voglia o no.

Tutto questo mi iniziava a portare anche ad un'altra

consapevolezza, ovvero che puoi allenare il tuo livello di intensità della sofferenza molto più rapidamente quando parti da livelli molto alti. Un po' come, a parità di percorso e di forza di volontà, a volte è molto più facile perdere venti chili in un mese quando ne pesi cento, che tre chili quando ne pesi sessanta. Ecco, per me la sofferenza è uguale... o almeno, la mia esperienza fino a quel momento, e quella di molte delle persone che avevo incontrato, mi aveva dimostrato che spesso era stranamente così.

Girando il mondo, ho visto piangere più spesso un bambino europeo a cui era stato negato l'ennesimo giocattolo piuttosto che un bambino africano perché non aveva nemmeno un pallone. Il secondo è molto più abituato a gestire la frustrazione e svilupperà più facilmente una creatività e un'arte di arrangiarsi che saranno il suo spirito di sopravvivenza, soprattutto nelle situazioni di forte stress.

Credo che sia questo il motivo per cui dietro una persona apparentemente forte spesso c'è una persona che ha sofferto tanto!

Allora perché non provare a cambiare visione delle cose, accettare la tristezza e fare tesoro delle sofferenze pur di rischiare di essere felice sempre? Avrei cercato di vivere il più possibile nel presente, a costo di stravolgere per sempre il mio stile di vita, con tutti i pro e i contro e le conseguenze del caso.

L'amore secondo i miei sensi

Decido finalmente di alzarmi e andare a lavarmi il volto con acqua fresca. Per me la mattina è un rito sacro. Resto sola con me stessa, a raccogliere tutte le energie per vivere la giornata al 100%. Ogni giorno è un giorno degno di nota, ed io non mi faccio mai trovare impreparata… o almeno ci provo!

Ho ancora un occhio semi chiuso e, tra una testata mentre scendo dal letto basculante e una mignolata contro il piede del tavolo tipiche di chi vive in dieci metri quadri, arrivo praticamente intera, ma sull'imprecante andante, nel mio bagnetto di poco più di un metro quadrato, piccolo ma con tutto il necessario per iniziare questa splendida giornata. Mi abituerò mai a queste distanze? Eppure, se ripenso alla mia prima esperienza in una casa a quattro ruote, mi sembrava di essere all'interno di un'astronave!

Avevo solo sei anni e in quel periodo vivevo a Milano. Le giornate per me erano corte e per certi versi tutte uguali: nebbia, freddo e solitudine. Anche fare amicizia non era semplice. Ricordo che a scuola, pur avendo un'indole solare e vivace, venivo messa da parte dai miei compagni soprattutto perché ero "calafricana", dicevano. Il mio accento era un marchio, un fattore discriminante che proprio non comprendevo nella mia innocenza di bimba. Le lezioni erano spesso un incubo. Più eccellevo negli studi dimostrando serietà, puntualità e profitto e più venivo esclusa. Pensavo non ci fosse soluzione a tanta sofferenza e così non vedevo l'ora che suonasse la campanella per mettere fine a tutte le mie angosce.

Un rapporto di amore-odio quello che provavo andando a scuola, perché in fondo mi piaceva tantissimo studiare e seguivo con grande interesse le lezioni, ma proprio non riuscivo a socializzare con gli altri e vedevo davanti a me un muro insormontabile, tanto che a volte pensavo di essere io il problema.

Ogni anno aspettavo con ansia che arrivasse giugno. Non vedevo l'ora che finisse la scuola e che il mio principe azzurro venisse a salvarmi: il mio amato nonno! Nonno non era solo un nonno. Nonno era il papà che non ho mai avuto se non per sentirmi sempre sbagliata. Nonno era il mio luogo sicuro!

Ogni giorno passato in quello che vivevo come un vero inferno, segnavo una bella X sul diario e contavo le pagine bianche che mi separavano dal mio meritato pieno d'amore. Non mi sembrava vero che era ormai arrivato giugno ed il mio pensiero incessante erano i nonni: sarebbero arrivati come dei veri supereroi, però con l'aereo e da Reggio Calabria, per salvarmi e portarmi verso il mio mondo incantato.

Ricordo quei giorni in cui avevo iniziato a pensare a cosa mettere in valigia, ma oltre a quattro costumi, un paio di infradito e due vestitini, proprio non mi veniva in mente altro. Come d'incanto quel giorno tanto atteso arrivò. Suonò il citofono e il cuore si strinse in un nodo di nervi, il fiato divenne corto, le lacrime si accodavano impazienti e quasi mi sentivo svenire. Corsi giù per la grigia e polverosa tromba delle scale e, dando uno strattone involontario al mio vicino, urlai a squarciagola: "Scusa sono arrivati i nonni!" Non feci in tempo a focalizzare dove stavo mettendo i piedi che, sotto una tempesta di coriandoli dorati, incontrai finalmente i suoi grandi occhi neri. Mi arrampicai addosso a nonno come fa una scimmietta che viene rincorsa dal suo predatore e lui, stringendomi forte al cuore, mi consumò di baci le guance.

All'improvviso tutto aveva senso, finalmente tutto era amore

Ancora non credevo ai miei occhi. Anche mia nonna, bellissima come sempre, era lì con me, e la nostra partenza aveva ormai i minuti contati. Mi avevano portato la raccolta di fogli di "unisci i puntini" che nonno strappava dai suoi cruciverba sapendo che a me piacevano tanto. Il fatto che lo facesse proprio per me, mi faceva battere forte il cuore. Ero così piccola ma già innamorata delle piccole cose, dei gesti che possono essere insignificanti per chi li fa, ma che cambiano la giornata a chi li riceve.

Un viaggio indimenticabile quello coi nonni... Con nonna cantavamo le canzoni calabresi e nel cuore provavo finalmente la leggerezza che per una bambina di quell'età dovrebbe essere la normalità. Guardando fuori dal finestrino dell'aereo vedevo finalmente la metropoli allontanarsi per lasciare spazio a lunghe distese di prati e a tratti il mio amato mare. Il tempo volava e da quando mi dissero che c'era una sorpresa per me e mio fratello, ancora di più. Giunti finalmente a Reggio Calabria, arrivava quello che per me era un momento magico: andare a fare la spesa! Nonno mi prendeva in braccio e mi faceva stare seduta nel carrello dal quale, col mio dito magico, ogni mio desiderio diventava un ordine. Avrei potuto avere cose che nella mia quotidianità mi erano negate e non perché mi facessero male, ma perché i soldi di papà sembravano non esserci mai per me: Coca-Cola, Nutella, Pan di Stelle, Nesquik… Ero io la principessa in quel momento. Mi sentivo come Cenerentola al suo ballo e, come a volte solo i bambini sanno fare, mi sarei goduta ogni istante, nella consapevolezza che a settembre sarebbe scaduto il tempo ed io avrei perso la mia scarpetta di cristallo!

Riempita la macchina di tutte quelle piccole cose che desideravo da mesi era la volta del ritorno a casa, una casa in periferia, con l'orto e gli animali, dove ero libera di scorrazzare con la bici su e giù e dove avevo una cameretta tutta mia.

Tutto era così differente dalla grande e grigia Milano dove potevamo permetterci solo un monolocale di quaranta metri quadri, cosa che voleva dire dormire tutti nella stessa stanza. Io nel piano alto del letto a castello.

Il giorno seguente arrivò il momento della famosa sorpresa e, come tutte le sorprese che si rispettino, dovevo prima chiudere gli occhi. Emozionatissima, decisi di stare al gioco e contai fino a tre indicando il numero sulle mie manine. Quando li riaprii, quasi mi prese un colpo. Non sapevo esattamente cosa fosse, ma sembrava una casetta. Il nonno aprì la finissima porticina di legno compensato e, prendendomi per mano, mi accompagnò su per i due scalini. Non lo avrei mai creduto, ma c'era veramente tutto! Perfino una mia "cameretta" ed anche un piccolo angolo cottura in cui la nonna e zia Mimma, che passava con noi diverso tempo, avrebbero preparato per me tutte le mie ricette preferite. I nonni mi spiegarono che, grazie a quella casa su ruote, avrei potuto stare in mezzo alla natura e giocare con gli animaletti, proprio come piaceva a me, e avrei potuto farlo tutti i giorni, insieme a tanti nuovi amici, fino al tramonto.

Partimmo così alla volta del nostro nuovo rifugio, situato in un grande giardino che i nonni mi avevano detto si chiamasse "Campeggio Il Boschetto", ma che io chiamavo semplicemente "Il boschetto", primo perché non sapevo nemmeno cosa fosse un campeggio e poi perché mi sembrava proprio un bosco. Era pieno di alberi, piante e fiori, e c'erano tutti gli animali con cui a me piaceva giocare. Una delle cose che preferivo fare era catturare lucertole e farfalle, tenerle in una gabbia per poterle osservare più da vicino, dare loro da mangiare e poi liberarle dopo qualche ora, insieme a nonno. Era proprio in riva al mare e questo mi permetteva di stare perennemente in acqua. Con solo le pinne e senza occhiali, passavo ore sott'acqua a guardare i pesci e a raccogliere conchiglie. Tutto finiva quando nonna arrivava urlando con uno zoccolo in mano, minacciandomi con un "Esciii che ti ammazzo!". Nonostante non lo abbia mai fatto davvero, ci sono sempre cascata!

Abbiamo passato ben otto estati in quello stesso campeggio, fino ai miei quattordici anni. Avevamo tutto: le docce a gettoni, i lavandini dove andavo a lavare i piatti con nonna dopo pranzo, il ristorante e la pizzeria dove una volta a settimana andavo coi miei amici a mangiare la pizza con le cinquemila lire che mi davano i nonni. Avevamo il momento dei compiti delle vacanze in cui ci aiutavamo gli uni con gli altri e che corrispondeva all'orario del silenzio accennato al megafono che noi ripetevamo all'unisono: "Attenzione, si ricorda ai signori campeggiatori che dalle due alle quattro c'è l'orario del silenzio. Si richiede la vostra gentile collaborazione affinché venga rispettato". Le giornate volavano tra una partita a pallavolo al campetto, i momenti in cui disegnavamo sulle pagine delle domeniche dei nostri "Smemoranda", un salto alla corda e una partita a carte. Le ore dedicate a nascondino potevano essere infinite, da quanto era grande il campeggio. Di qualcuno ho addirittura ancora il dubbio se sia semplicemente ripartito finita la settimana o se ancora lo stiano cercando a "Chi l'ha visto"! Poi c'erano le marachellate, le sedute spiritiche, obbligo e verità, il gioco della bottiglia e gli scherzi telefonici fatti agli ospiti del campeggio. Funzionava così: ci recavamo alla cabina telefonica, chiamavamo il numero della reception del campeggio chiedendo di qualcuno e questo qualcuno veniva chiamato al megafono: "Attenzione, il Sig. Minniti è desiderato al telefono". Poi ci nascondevamo e osservavamo ridendo il povero malcapitato. Non ho mai capito esattamente cosa ci fosse di divertente, ma sono quelle piccole cose che fai da bambino perché le fanno tutti. Le serate iniziavano con la carovana per andare a raccogliere tutti gli amici, ognuno nella propria roulotte. Un paio d'ore tra biliardino e videogiochi vari a gettoni o una strimpellata e... "le canzoni stonate, un fuoco e quattro risate"... fino al momento più magico di tutti: l'inizio dei lenti. Tra un "Take my breath away" ed un "Nothing Compares To You", immaginavamo il nostro primo bacio. Stavo vivendo un sogno! Fu così che mi innamorai perdutamente ed irrimediabilmente delle cose semplici. E non smetterò mai di ringraziare i miei nonni per questo. Sento che loro non solo hanno avuto un ruolo importante, ma sono stati fondamentali per la mia sana crescita fisica e psichica. Senza mio nonno, come ha confermato anche la mia psicoterapeuta, non avrei imparato ad amare e amarmi veramente. Lui mi ha salvata da una visione drammatica di una vita frenetica dove prima si mette al mondo un figlio e poi, forse, ci si assume la responsabilità di amarlo, proteggerlo e accompagnarlo all'età adulta. E senza nonna non avrei imparato la forza, la determinazione e quel pizzico di sano orgoglio (forse, potrei dire, un po' da vera calabrese?). Insieme mi hanno insegnato il rispetto per gli altri e per la natura, il valore dei sacrifici e dei soldi e che voler stare insieme non è una promessa che oggi si fa e poi chissà. Mi hanno insegnato, proprio come dice Mauro Soldano, che

Per sempre non si dice, si fa

E per non dimenticarlo, se mai fosse possibile, ho tatuato questa frase sul mio corpo, insieme a "qui ed ora" e a "la vita è un viaggio e chi viaggia vive due volte".

I valori che mi hanno trasmesso i miei nonni sono per me dei veri e propri pilastri a cui mi sento radicata tutt'oggi, in tutte le esperienze della mia vita.

Quell'estate fantastica con loro ancora oggi porta dentro il mio cuore il segno di quei magici momenti in cui il tempo sembrava fermarsi. La dimensione dei ricordi è vivida e quegli istanti sono talmente pieni di vita che mi sembra ancora di viverli in alcuni dei miei viaggi. Sono con me in ogni cosa che faccio e sento che vivono ancora attraverso l'amore che mi hanno donato, che porto dentro e che mi ha fatto scoprire il vero senso della vita.

Sono sicura che la scelta di vivere in camper è stata solo la continuazione di un lungo viaggio che abbiamo intrapreso insieme e che non finirà mai. All'inizio avevo paura che la scelta di mollare tutto e andare a vivere in camper potesse in qualche modo essere una fuga, ma presto ho capito che, al contrario, era più consapevole di quanto pensassi. Messa in discussione da amici e parenti, ho esitato quell'attimo che bastava per poi rendermi conto che dentro di me sapevo già tutto. Loro se lo aspettavano che da un giorno all'altro sarei potuta partire per un lungo viaggio, come forse si aspettavano che sarei tornata presto. Ma io ero convinta del contrario e, nonostante sapessi che non sarebbe stato facile, dentro di me sentivo che ero sulla strada giusta. In ogni cosa percepivo come dei segnali positivi da parte dell'universo intero, nonni compresi. Non di rado ho sentito la loro presenza e ricevuto segnali inequivocabili. Era come se anche gli eventi si allineassero verso la direzione che stavo prendendo. Ero sempre più convinta e davvero tanto entusiasta per quello che avrei incontrato lungo il cammino.

Vivere in camper è stata una scelta fatta di amore ma allo stesso tempo non troppo programmata. Ero sicura del fatto che, avendo una sola vita a disposizione, dovevo impiegarla con il massimo rendimento per le cose che realmente mi portavano felicità. Sentivo che il tempo non mi sarebbe bastato per vivere da protagonista tutti i posti che volevo vedere. E soprattutto sentivo fortemente che

Prima di partire mia madre mi è stata molto vicina, nonostante la sua iniziale titubanza. Avevo una vita normale, fatta di tutto ciò che una ragazza della mia età desidera o pensa di desiderare e stavo per lasciare tutto per rincorrere un futuro ignoto, più oscuro che limpido. Con lei ho affrontato più volte il tema e, nelle nostre conversazioni sul letto di camera mia, ha sempre saputo ascoltarmi e appoggiarmi dimostrandomi come sempre amorevole comprensione. Lei mi ha sempre seguita in ogni decisione della mia vita, assecondando come poteva le mie passioni e lasciandomi libera di vivere le mie aspirazioni. Dopo quei pomeriggi trascorsi insieme, sapevo ancora di più che, dentro il suo cuore, mia mamma aveva un unico sogno… vedermi felice! E sapeva, non so come, che ce l'avrei fatta anche stavolta.

Mi sembra ieri quando riorganizzavo la mia vita mettendo tutto in discussione per cercare di capire quello che davvero volevo. Quei momenti in cui prendevo padronanza delle mie scelte e la solitudine iniziava a non spaventarmi più, anzi la consideravo il punto di partenza da cui iniziare da zero, sentendomi libera di essere me stessa mentre imparavo a bastarmi.

Erano anni ormai che iniziavo a ritagliarmi i miei spazi, momenti preziosi che usavo per ascoltarmi mentre mi dedicavo a quello che realmente mi faceva stare bene. Con il passare del tempo questi spazi sono diventati sempre più grandi ed ho capito che in quel modo realizzavo, giorno dopo giorno, il mondo che da sempre sognavo. Un mondo in cui ero davvero protagonista delle mie scelte. Imparavo a mettere in pratica gli insegnamenti dei nonni e ad amarmi veramente come loro sapevano fare. Avrei girato il mondo seminando felicità con le piccole cose e portando alta la bandiera dell'amore.

L'amore incondizionato

Ed ora sono qui, nel bagno del mio camper, con Spritz, il mio fantastico compagno di viaggio, che mi guarda dalla porta. È un bellissimo bastardino simil Yorkshire di piccola taglia che ho adottato quando aveva appena due mesi. Non vede l'ora che io esca per il nostro primo rito d'amore della giornata… Mi guarda fisso, io mi accovaccio, lui si avvicina appoggiando le sue zampette anteriori alle mie ginocchia e, non appena gli porgo la guancia, inizia a slinguazzarmi amorevolmente. È il nostro buongiorno, la nostra dose di coccole mattutina.

Ancora ricordo la prima volta che ci siamo incontrati!

Ho sempre viaggiato da quando avevo diciotto anni e questo, insieme al fatto che vivevo con mamma, non mi ha mai permesso di avere un cucciolo, nonostante lo volessi fortemente. Quando ho scelto di comprare il camper mi sono decisa che era arrivato il momento giusto per prendere il mio piccolo compagno di viaggio, avendo sempre e comunque casa dietro. O forse è stato il contrario… ho deciso di prendere un camper anche per poter viaggiare con lui senza problemi? Boh, credo siano state entrambe le cose insieme! Non è stata una scelta a cuor leggero perché sapevo che mi avrebbe cambiato a lungo la vita, anche se ancora non sapevo quanto.

A volte credo che gli manchi solo la parola, altre sono così contenta che non l'abbia perché credo che sia proprio questo che rende il nostro rapporto così intenso: io e lui dobbiamo capirci in altri modi. Da quando conosco lui, credo di aver capito quanto semplice sia amarsi e capirsi e quanto a volte noi esseri umani rendiamo il tutto più complicato.

Metto sul fuoco la mia moka da sei tazze per la mia unica, o comunque più consistente, botta caffeinica della giornata e, nell'attesa, inizio ad aprire porte e finestre per far cambiare l'aria. Con la scusa butto un occhio fuori, facendo quasi finta di essere abituata ad avere una vista diversa al giorno. In realtà, dentro di me, ogni giorno mi stupisco ancora della varietà di combinazioni di colori di cui è capace Madre Natura e mi ringrazio per essermi data l'opportunità di vivere così.

Mentre assaporo il mio caffè, ancora bello caldo, Spritz si mette seduto accanto a me e, nonostante io non sia né loquace né troppo simpatica durante le prime ore della giornata, mi capita di interrogarlo sulle prossime mete. Tanto a lui basta che ci sia io, un po' di verde da esplorare e tante coccole. Con lui posso dire di aver avuto la conferma di ciò che è per me il vero amore e di quello che c'è di più importante in questa vita:

Innamorarsi della semplicità delle piccole cose

Mi è bastato osservarlo per capire che gli animali, in tante cose, hanno una marcia in più. Loro vivono liberi da condizionamenti, in perfetta armonia con tutto quello che gli accade. Sarà che hanno conservato quell'istinto primordiale che noi abbiamo invece perso? Noi esseri umani crediamo di essere individui superiori perché dotati di intelligenza, parola e pollice opponibile! A volte credo che, a parte il miglioramento del pollice opponibile, l'uso della parola ci ha resi esseri inferiori. Perché? Beh, io non ho mai visto una scimmia rimanere arrabbiata per anni o rinfacciare ad un'altra che il giorno prima gli ha portato via la sua banana! Tantomeno ho mai visto un cane non affezionarsi ad un padrone per paura che un giorno questi possa abbandonarlo, o un felino "spettemiagolare" con un altro su come e dove vive il gatto del vicino!

Ho visto Spritz riconoscere cani e persone che rivediamo una volta l'anno e, al contrario di noi esseri umani, da più tempo non li incontra e più grande sarà la festa che gli riserverà. Cose che noi umani non possiamo nemmeno immaginare. Gli animali, proprio perché privi di parola, sono sprovvisti di tanti di quegli atteggiamenti negativi che derivano da esso, come il rimurginare. Forse è per questo che sanno amare incondizionatamente!

Decido di andare in riva al mare a fare meditazione. Oggi stranamente ho voglia di mettere su un po' di musica a tema, anche se quasi sempre opto per i suoni della natura. Io e il mio cucciolo decidiamo quindi di sdraiarci sulla sabbia che profuma di pesce fresco. Il prato accanto è pieno di bellissime margherite bianche, di fronte a me l'orizzonte e due barchette di pescatori, il sole si è appena svegliato e qualche gabbiano sculettante decide di partecipare al nostro rito. Così, sul tappetino, ci abbandoniamo a questo spettacolo. Non chiudo gli occhi perché, paradossalmente, mi deconcentro e inizio la mia pratica di respirazione. Guardo un punto fisso e cerco di concentrarmi su quello che accade veramente attorno a me: ogni dettaglio, ogni sfumatura di colore, ogni profumo, ogni suono. Non c'è solo il mare davanti a me: il mare non esiste, è solo un nome che gli abbiamo dato noi, il mare è fatto di onde che nemmeno esistono a loro volta perché formate da minuscole particelle di acqua, e così via. Il mare non è solo blu, può essere a tratti più celeste e a tratti grigio, e può addirittura tingersi dei colori del tramonto. Il mare ha un suo profumo e una melodia sempre diversi, in base all'intensità e alla direzione di venti e correnti.

Spritz mi ha aiutata tanto ad incentrarmi nella pratica della meditazione, la quale mi ha permesso di scoprire una nuova versione di me, che cerco di rendere migliore ogni giorno rispetto al precedente. È per questo che siamo al mondo, no? Per imparare da noi stessi, dai nostri errori, dalle esperienze. Anche perché, tanto

La vita ci ripresenterà la lezione
fin quando non l'avremo imparata

E a me la vita ripresentava, fin dalla tenera età, un loop molto difficile, per superare il quale ho dovuto allontanarmi dal caos di Milano, in cui ero abituata a vivere.

Ho quasi rimosso quel periodo in cui ogni cosa che facevo doveva seguire degli schemi prestabiliti: come vestirsi, come parlare, come atteggiarsi, di cosa "drogarsi". Mi rendevo conto che non avrei retto a lungo perché non stavo vivendo secondo i miei sensi, ma stavo ripetendo un copione e questo non mi rendeva per nulla felice. Così, un bel giorno decisi di dire un bel no a tutto questo, assumendomi tutte le responsabilità dall'alto dei miei quattordici anni e decidendo di vivere una vita diversa, che sarebbe partita da me, dalle cose che mi facevano stare bene ed a cui volevo dedicare il mio tempo. Chiesi allora a mamma di poter andare a vivere a Reggio Calabria, insieme ai nonni. Lei, per grande amore nei miei confronti, con grande sacrificio, accettò. Così mi trasferii insieme a mio padre a casa dei nonni, intanto che mia madre aspettava il trasferimento.

Furono due anni lunghi e dolorosi lontano da lei, anche se ovviamente i nonni non mi facevano mancare nulla. Avevo finalmente un motorino tutto mio che nonno mi aveva fatto trovare sotto casa. Avevo per la prima volta nella mia vita una paghetta e perfino un cavaliere che mi accompagnava a scuola se perdevo l'autobus e che mi diceva sempre quanto fossi brava e bella. A casa aiutavo tantissimo, a scuola cercavo di dare il meglio, poi avevo la danza a cui dedicavo in media tre ore al giorno e in più facevo lavoretti saltuari e sotto-pagatissimi pur di non dover chiedere niente a mio padre e rischiare di beccarmi l'ennesimo no…

Ricordo benissimo l'episodio che mi fece capire il triste e duro cammino che avrei avuto davanti a me. Ero a casa dei nonni paterni, esattamente in cucina, quando mi avvicinai a mio padre chiedendogli se potesse comprarmi un paio di scarpe nuove. Mi rispose in dialetto, guardandomi dall'alto in basso e chiedendomi: "Perché? Queste che hai ai piedi che problemi hanno?" Ed io, che semplicemente volevo un paio di scarpe più carine invece di uscire sempre con quelle tristi scarpe da tennis, risposi intimorita e scoraggiata come solo lui sapeva rendermi: "Nulla, non hanno nulla che non va, vorrei solo delle scarpe più carine", sapendo già che avrebbe rifiutato. La risposta secca infatti arrivò in men che non si dica da sotto i suoi folti baffi neri: "Ti bastano queste!"

Ho odiato mio padre per quella risposta ed ho continuato a odiarlo per questo e mille altri episodi molto più pesanti, fino alla fine del mio percorso di consapevolezza dove sono arrivata ad accettare, a perdonare e a tratti quasi a ringraziarlo per avermi fatto capire che la vita non è solo rose e fiori, che mai nulla è scontato e che, se vuoi qualcosa, devi rimboccarti le maniche e andartela a sudare. Perché, in fondo

Amarsi vuol dire combattere per la propria felicità

La felicità è una conquista

Nel cammino di rientro dalla mia oretta di meditazione mi sento rigenerata e connessa col mondo. Meditare mi aiuta a far scorrere il mio flusso di pensieri, positivi o negativi che siano, e a riequilibrare i miei punti energetici. La percezione della realtà si distacca da ogni filtro della mente per passare esclusivamente attraverso il sentire del mio cuore. E questo sentire è la base della mia felicità, di quello splendido stato d'animo in cui il mio mondo interno e il mondo esterno sono in piena armonia. Mi avvicino a tale armonia ogni volta che medito. E questo è il più grande atto d'amore che compio quotidianamente. Per me, per la mia anima e, di conseguenza, per le anime che mi circondano.

Oramai è qualcosa che mi viene naturale fare, ma devo risalire a molti anni fa per riscoprire il mio primo vero regalo d'amore, quello che mi ha condotta sulla strada della felicità. Me lo ricordo molto bene. È derivato da anni di sofferenza che mi hanno portato a prendere una decisione che avrebbe salvato la vita a me e mia mamma.

Era luglio 2002 ed io ero presa dal mio diciottesimo compleanno, che avrei celebrato con una grande festa il mese successivo. Ricordo che ero eccitatissima per tutto quello che ne sarebbe derivato e per l'organizzazione dell'evento che avrebbe accolto tutti i miei amici.

Tra un preparativo e l'altro, osservavo nonno guardarmi con orgoglio (ero la sua prima nipote che diventava maggiorenne!). Una sera, prima della nostra buonanotte, lo guardai attentamente: aveva un colorito giallognolo e gli occhi opachi. Gli chiesi se stesse bene e lui mi rispose di sì, ma non mi convinse per nulla. Il giorno dopo ne parlai con mamma e nonna e, d'accordo con me, decidemmo di fargli fare le analisi del sangue che, bastardissime, arrivarono con la frase che avrebbe cambiato per sempre la mia vita: "Mimmo, ti devi ricoverare urgentemente!"

Passarono per fortuna poche settimane tra il ricovero, l'operazione, le cure, il declino e, nel terrore che si respirava a casa, il momento in cui il mio principe azzurro si spense tra le mie braccia. Era il giorno dopo quello dei miei diciott'anni. Aveva voluto fare il cavaliere fino alla fine, lasciandomi la possibilità di festeggiare la maggiore età, seppur già con il lutto nel cuore.

Questo, però, fu solo l'inizio di un anno durissimo che stava per schiacciarmi completamente. Passavano le settimane e in casa dei nonni sembrava fosse scesa una cappa nera, sia a livello di umore, sia (per chi ci crede) di maledizione. Passavano le settimane e, invece di fare squadra, cresceva la frustrazione e la rabbia in ognuno di noi, che quasi ci scagliavamo l'uno contro l'altro. Mamma aveva finalmente ottenuto il trasferimento da Milano ed era tornata a vivere con noi, ma questo non sembrava interessare a nessuno, ancor meno a mio padre che non c'era praticamente mai. Nonna scappò letteralmente dal dolore per la perdita del suo amato compagno di vita trasferendosi per un po' a casa di sua sorella. Mio fratello, ancora più fragile di noi, era spesso non pervenuto. Mamma ovviamente era a terra, sola e con un figlio ancora minorenne a carico. Io, inutile dirlo, cercavo di darle forza e di farla sentire meno sola mentre vedeva la sua famiglia sgretolarsi sotto i piedi, nonostante i suoi sforzi. Tra una cosa e l'altra riusciva pure a sentirsi in colpa di tante cose, tra cui non essere riuscita a tornare prima da nonno.

Mio padre era sempre più lontano e, per quanto non cambiasse poi molto, non avremmo voluto mai perdere anche lui. Il giorno di Natale avremmo dovuto iniziare ad accettare la realtà dei fatti, che sarebbe arrivata solo qualche mese dopo. Il 24 dicembre partì per lavoro, almeno così disse. E noi passammo il primo Natale senza nonno e senza papà! Ricordo perfettamente il drammatico gioco di parti che avevamo inscenato tutti pur di non appesantire ancora di più l'atmosfera: mamma tratteneva le lacrime mentre preparava la cena a me e mio fratello e noi trattenevamo la rabbia e il dolore per non farla stare peggio.

Questo non fu nemmeno il momento più triste della fine della nostra famiglia... Arrivarono mesi durissimi per me, mesi in cui cercavo di aiutare mamma a recuperare il suo matrimonio, nonostante tutto, perché secondo lei non avrebbe dovuto e potuto separarsi anche e soprattutto per noi figli. Io per amor suo accettai di tutto, fino ad accollarci un trasloco in una casa più congeniale alle esigenze di mio padre, che probabilmente così sarebbe tornato da noi. Inutile dire che dopo mesi di strazio per tutti, quelle promesse lasciavano spazio a consapevolezze sempre più amare da buttare giù e la mia rabbia ed impotenza mi stavano letteralmente facendo impazzire.

Tutto ha un limite. Stavamo accettando praticamente qualunque compromesso pur di fare andare le cose per come avremmo sperato, ma le cose non sarebbero potute andare diversamente e lui non sarebbe di certo cambiato. Arrivò un giorno con la sua ultima promessa e le sue ultime bugie. Ed io, vedendo mamma letteralmente pietrificata e profondamente umiliata, decisi di mettere fine alla sua e alla nostra agonia. Fu così che, sbattendolo fisicamente fuori di casa, dissi per sempre addio a quella parte di me che doveva farsi andare bene per forza tutto e tutti. Inutile dire che quello fu momentaneamente solo l'inizio di una fine. Ma, come fisiologicamente avviene, fu anche l'esordio di un nuovo inizio per me e mamma. Ovviamente, in cuor mio sapevo che allontanare mio padre da casa sarebbe stata dura, ma sapevo anche che era meglio così per tutti.

*Sarebbe stato molto meglio essere sole
nella consapevolezza di esserlo,
che sentirci sole nella speranza di non esserlo*

Come spesso accade, bisogna prima toccare il fondo per poter davvero prendere la spinta necessaria per risalire. E noi, per quanto incredibile, il fondo ancora non lo avevamo toccato!

Mamma era totalmente distrutta dalla fine del matrimonio, nonostante io non l'avessi mai vista veramente felice con papà. Io ero totalmente abbandonata a me stessa e, come se non bastasse, sentivo addosso la responsabilità di aver preso io la decisione che forse lei non avrebbe mai avuto il coraggio di prendere.

L'emotività e l'inesperienza non ci rendeva semplice il lavoro che avremmo dovuto fare per rialzarci. Anzi, la disperazione prendeva spesso il sopravvento. Solo che io, nemmeno stavolta, potevo permettermi di mollare, perché mamma non avrebbe retto. La portavo con me a ballare, al mare, ovunque potessi e, quando non potevo, mi accertavo che stesse bene e le davo tanti baci prima di uscire. Forse speravo solo di non ritrovarla al mio rientro nuovamente sul divano, esattamente come l'avevo lasciata. O come quella volta che, per la troppa debolezza, cadde col motorino mentre era in servizio e rimase ingessata con la gamba per oltre un mese.

Sapevo che era forte, che presto si sarebbe ripresa e che tutto questo ci avrebbe rese ancora più forti e inseparabili. Soprattutto, tutto questo ci avrebbe reso felici, come mai fino a quel momento eravamo state. Dovevo solo farlo capire anche a lei.

La nostra degenza fu lunga e dolorosa. La mia adolescenza sembrava ormai compromessa, soprattutto la mia sfera emotiva e il mio modello di attaccamento nei confronti degli uomini. Fu proprio allora che giurai a me stessa che mai più avrei permesso a qualcuno di farmi del male e che avrei fatto tutti i miei calcoli a tavolino per evitare che ciò accadesse di nuovo.

Beata me che ho scelto la felicità

Ovviamente avrei voluto avere un padre e sentire nella famiglia un porto sicuro in cui rifugiarmi nei momenti difficili e avrei voluto una serenità familiare sia per me che per mamma, anche perché le relazioni tra i genitori sono fondamentali nella costituzione dei modelli a cui ci ispireremo nella nostra vita. Invece, purtroppo, ci sono stati momenti in cui ho dovuto fare anche i conti con me stessa e la mia autostima perché mi sono trovata spesso da sola ad affrontare i problemi della vita.

Un padre dovrebbe in qualche modo introdurre i figli nel sistema sociale e, come si dice, per le femminucce dovrebbe essere esempio di amorevolezza da ricercare nelle relazioni con l'altro sesso. Io, invece, essendo cresciuta praticamente senza un padre, avvertivo un peso più grande di me nello scoprire una realtà troppo difficile da capire a quell'età. Anche se in qualche modo volevo nasconderla, la mia sofferenza trapelava e sentivo ogni volta il mio cuore riempirsi di lacrime. Un giorno, però, in camera mia mi sono guardata allo specchio, osservandomi in modo critico. Camminavo avanti e indietro, mi guardavo da diverse prospettive, soffermandomi sui particolari del viso fino a riuscire ad entrare dentro il mio sguardo. Ricordo molto bene quel pomeriggio. I miei occhi, da un momento all'altro, si sono riempiti di lacrime. Più mi guardavo piangere e più avevo voglia di farlo. Proprio non riuscivo a frenare quella discesa libera, anche perché proprio non trovavo niente di meglio da fare. Quel momento è stato così drammatico che mi ha fatto vedere la vita talmente tanto priva di senso da far scattare in me la scintilla:

Avrei dovuto trovare il mio scopo nella vita

Era come se fossi momentaneamente uscita dal mio corpo e avessi avuto modo di sentire la pienezza dell'emozione della mia anima. Mi sono osservata e mi sono fatta pena. Stavo piagnucolando come una bambina piccola che non riceve le attenzioni del papà e, ovviamente, non è in grado di sopravvivere da sola, in completa balia del mondo che la circonda. Ma io non ero più una bambina e non ero in balia di nient'altro se non delle mie emozioni. Papà non c'era e non ci sarebbe stato e io avevo solo due scelte: farcela da sola o non farcela! Per iniziare avevo due gambe, due braccia, cinque sensi, un cervello, un tetto sulla testa, un piatto di pasta sul tavolo, una mamma e una nonna che mi amavano alla follia. Inoltre, ero nata dalla parte fortunata della terra, dove non ci sono guerre, siccità e carestie (almeno per adesso!). Insomma, mi sembrava un ottimo punto di partenza per dirmi che

Abbiamo sempre almeno un buon motivo
per fare qualcosa
e sempre almeno uno per non farla...
A noi la scelta

Sapevo per certo che avevo tutto ciò che serviva per farcela da sola e che, se volevo, non mi avrebbe spaventato più nulla della vita. Per la prima volta mi ero guardata dentro, nel profondo, e avevo deciso che avrei intrapreso un percorso di psicoterapia che mi avrebbe aiutata a lasciare il passato nel passato, per imparare a godere del presente ed essere davvero felice. Solo partendo da quella dimensione sarei riuscita a costruire il mio futuro.

Inizialmente mi vergognavo di dire o farmi vedere che andavo dallo psicologo. Oggi direi quasi che le persone "migliori" che ho conosciuto vanno o sono andate dallo psicologo. Di certo un narcisista, ad esempio, non ci pensa proprio di andare in terapia perché è così pieno di sé che di mettersi in discussione proprio non se ne parla.

Iniziai un cammino di introspezione che mi portò a una consapevolezza sempre più profonda. Continuai perdonando mio padre per l'amore che non era riuscito a trasmettermi e iniziai ad apprezzare comunque quello che mi aveva dato. Forse, comportandosi così, voleva solo farmi capire che nella vita nulla è scontato? O forse era semplicemente quello lo stile di attaccamento che aveva ricevuto dai suoi genitori? Forse a ventitré anni era troppo giovane e immaturo per diventare padre? O forse, più semplicemente, quello era il suo modo di amarmi?

Non lo so e non lo saprò mai, dato che anche durante i nostri futuri confronti non ne sono mai venuta a capo e che ormai non lo sento da anni. Ero arrivata alla deduzione che comunque andava bene così, perché è grazie anche a tutto ciò che ho vissuto che sono diventata la Daniela di oggi: una persona forte, indipendente e capace di prendersi le proprie responsabilità, che crede in se stessa e nelle sue potenzialità, e che ha imparato a cavarsela da sola anche nei momenti di estrema difficoltà. Come sopravvivere psicologicamente all'inizio di una pandemia mondiale sola e senza nessuna certezza, ad esempio.

Come dimenticare quell'esperienza! La tristezza, lo sgomento e il senso di impotenza mi pervadevano ogni volta che guardavo i telegiornali e vedevo quello che stava succedendo intorno a me.

Mezz'ora al giorno era il mio limite. L'angoscia di non sapere come sarebbe stato il futuro di tutti noi e la paura per la mia famiglia che non potevo raggiungere mi lasciò di pietra per giorni. Ma per l'ennesima volta nella mia vita non avevo alternative:

Lottare o crollare

Tutti gli amici che erano con me in quel momento decisero di tornare a casa, ma erano coppie e vivevano a non più di mille chilometri da Roquetas de Mar. Io ero sola, con un cane, e vivevo a tremilacinquecento chilometri da casa. Se mi fossi presa il Covid durante il viaggio? Chi si sarebbe preso cura di Spritz? Nessuno avrebbe mai aperto la porta di casa di un'appestata.

Neanche il tempo di pensare un attimo cosa fare, se prendere una nave (che sarebbe stato peggio ancora forse!) o restare, che era svanita l'occasione di salpare con l'ultima in partenza da Barcellona la sera stessa, non potendo riuscire ad arrivare in tempo! Decisi quindi di restare e tentare di arrangiarmi, tanto avevano prolungato il lockdown di sole due settimane, dicevano. Ma... iniziavano a chiudere campeggi, aree sosta, zone di carico e scarico, e addirittura fontanelle e docce. Presto mi sarei ritrovata senza acqua. Mi spostai su un lago, almeno avrei risolto il problema idrico, ma iniziavo ad avere una serie infinita di altri problemi e tutta la situazione cominciava a farsi davvero dura. I quattordici giorni di lockdown diventarono trenta e, di volta in volta, sempre di più. Non si sapeva quanto sarebbe durata. Decisi allora di chiedere aiuto alla mia community sui social, lanciando un SOS per farmi aiutare a trovare una fattoria o un terreno dove avrei potuto usufruire di ospitalità e di tutti i servizi in cambio di manodopera gratuita nelle loro attività. Dopo migliaia di condivisioni, in men che non si dica, mi ritrovai parcheggiata nel giardino che Diego e Inma condividevano con altre quattro famiglie, a Benalup, in provincia di Cádiz.

Diego, un omone grande e apparentemente tutto meno che amichevole, mi accolse da dietro una mascherina, con in mano un cavo della 220 V e poche parole: "Questo è il tuo angolo. Qui viviamo tutti in pace e armonia, il primo errore che fai sei fuori!" Mi preoccupai poco perché onestamente avere un angolino sicuro, un po' d'acqua e una lavatrice mi sembrava già il regalo più bello dell'universo quindi, a maggior ragione, non avevo nessuna intenzione di sbagliare proprio nulla. In pochi giorni io e Diego eravamo a fare lavori in giardino insieme e con Inma ci scambiavamo pietanze delle rispettive nazionalità. Passato il più che plausibile timore iniziale da parte loro, finimmo per condividere gioie e dolori di quei momenti drammatici. E, tra grigliate, chiacchiere, lezioni di pizza fatta in casa e risate, stavano per diventare la mia nuova famiglia spagnola, che considero ancora tale a distanza di anni!

Famiglia e distanze

Non appena metto piede nel camper, con Spritz che mi supera per accaparrarsi la sua poltroncina preferita, ecco che squilla il telefono. Guardo il display: "Cipollina"!

Cipollina è il nomignolo che diedi a mia madre quando, in seguito al trasferimento mio e di mio padre a Reggio Calabria, riusciva a farmi venire gli occhi lucidi ogni volta che mi chiamava o mi scriveva una lettera.

Le saranno fischiate le orecchie? La nostra connessione è 5G e non metterei in dubbio che avesse percepito i miei pensieri! Rispondo senza aspettare neanche il secondo squillo: "Mammaaaaaa! Come stai?"

Mi è mancato tanto non sentire la sua voce per tutto questo tempo. Nello stesso istante dimentichiamo entrambe che non ci parliamo da un paio di giorni e immediatamente la percepisco più vicina che mai, come se fosse seduta qua accanto a me. La sua titubanza nel rispondermi, però, non è un buon segno e, dopo qualche tentativo di evadere dalla domanda, ecco svelato il motivo: "Ho litigato con nonna, di nuovo… ma nulla di che!"

Mi piacerebbe tanto stringerla a me e darle il conforto e il calore di cui ha bisogno, ma tento di contenere quell'emozione e provo ad ascoltarla e farla sfogare. Decido quindi di rimanere in silenzio. In cuor mio conosco bene le sue preoccupazioni e da figlia so già che per sua indole non vorrebbe darmi anche questo peso, facendosi vedere fragile. Così, cerco di aiutarla a parlare e lentamente sento che il suo cuore si apre. Accolgo quell'emozione dentro di me come se fosse mia e cerco di sintonizzarmi sulla sua frequenza per ricreare quell'equilibrio che ora non sta vivendo. Lo faccio con delicatezza e premura perché sono consapevole di quanto per lei sia difficile, cercando di rimanere staccata quanto basta per non farmi travolgere da un facile cedimento a catena.

Mamma e nonna hanno due caratteri completamente opposti e questo spesso non permette loro di avere un dialogo sereno.

Devo ammettere che nonna è una donna meravigliosa, ma molto severa con se stessa e con gli altri. E questa sua impostazione l'ha resa molto ferma nella vita su quello che considera giusto o sbagliato. È come se nel corso degli anni si fosse creata un muro intorno, in cui trincerarsi dal resto del mondo. Ma come sempre a tutto c'è una spiegazione:

Ogni parte di noi, oggi,
non è altro che la somma di esperienze ed emozioni
vissute nel passato

Conoscendo il suo vissuto, mi stupisco di quanta forza sia riuscita a tirare fuori nonostante quello che ha passato, rinunciando spesso alla sua vita per realizzare quella degli altri.

Aveva circa cinquantasei anni quando perse il suo primogenito in un incidente stradale. Anche se non l'ho mai conosciuto, ho sentito tanto parlare di zio Lillo, l'unico fratello di mamma. Zio viveva a Milano con la sua giovanissima moglie, zia Lida, e con la loro primogenita di due mesi, Daniela. Eh già, è proprio per questo che io porto questo nome. Perché quando avvenne l'incidente in cui persero la vita tutti e tre, nell'83, io non ero ancora nata e mamma sognò zia Lida che le consegnava una bambina in fasce chiedendole di tenerla con sé. Poco dopo mamma scoprì di essere incinta di me.

Mamma e i nonni non si sono mai più veramente ripresi dal dolore di questa tragedia, ma la mia nascita li ha aiutati tanto. Forse è per questo che i nonni mi avevano premiata con la medaglia d'oro de "la nostra principessa". A volte però, come per tutte le medaglie, c'è un risvolto negativo. Quando qualcosa ti viene strappato via così violentemente, rischi di attaccarti visceralmente a qualcos'altro, senza renderti conto della tossicità di questa dinamica.

Nonna si era annullata così tante volte e per così tanto tempo per noi, che quasi dava per scontato di dover ricevere in cambio la stessa cosa da figli e nipoti, assumendo così un atteggiamento inconsapevolmente egoistico.

Per fortuna io e mamma, più io che mamma, abbiamo capito come funziona il loop e abbiamo provato a tirarcene fuori. Io giusto in tempo, mentre per mamma ormai sembra essere troppo tardi. Nonna adesso ha più di novant'anni e certo non la si può né cambiare né abbandonare a se stessa, ma quello che possiamo fare noi e che cerco di far capire a mamma è che possiamo cambiare noi stesse, guardare le cose in maniera più distaccata e non cadere nel loop come nonna.

Seppur con un telefono a dividerci, cerco di spiegare a mia mamma che non deve preoccuparsi, perché ognuno di noi è in grado di amare gli altri per come sente, e questo significa che non c'è un modo giusto o sbagliato di farlo. Non deve quindi crucciarsi per l'amore non dato, ma pensare di più alla sua vita perché altrimenti si ammalerà a sua volta.

Anche nella scelta della casa, mia madre aveva deciso di tornare ad abitare con nonna per starle vicino in caso di bisogno, ma sapevo benissimo che tutto questo peso la faceva stare male. Era sempre presa da una responsabilità più grande di lei, facendosi carico dei problemi di tutti. Non stava vivendo la sua vita a pieno, sempre presa dai sensi di colpa. Esattamente come aveva fatto nonna prima e come avrei dovuto fare io dopo, come in una sorta di staffetta dove si corre velocissimi per cento anni, invece che metri, con l'unico scopo di passare il testimone all'altro.

In tanti, tantissimi, anni mamma non si è mai tolta una soddisfazione per se stessa, proprio come nonna aveva fatto prima di lei! Ed io? Io quel testimone non lo volevo proprio prendere! Così dico a mia madre che non è lei ad essere sbagliata, ma che semplicemente ha bisogno di prendersi un po' di tempo per sé, magari facendosi aiutare da qualcuno in grado di gestire nonna. La prima risposta di mia madre ovviamente è: "Come potrei mai fare una cosa del genere?"

Ormai la conosco, non è d'accordo perché è cresciuta così e un po' perché inconsciamente teme il parere che gli altri avrebbero di lei se "lasciasse la nonna nelle mani di una badante". Non è proprio così, o almeno non dal mio punto di vista. Possiamo cercare con estrema cura una persona amorevole che potrebbe fare compagnia a nonna anche quando mamma non c'è. Potrebbero chiacchierare, passeggiare, andare in giardino a raccogliere le uova delle nostre galline e i frutti del nostro orto mentre mamma può smettere di sbattersi su e giù tra mille impegni e responsabilità.

Mentre provo a farla riflettere, sento che dentro di lei si accende la scintilla del cambiamento. Cambiamento, questo nemico! L'inconscio a volte preferisce rimanere in una sofferenza a lui conosciuta piuttosto che andare verso l'incertezza di un qualcosa che potrebbe migliorare anche in parte la nostra vita, ma che noi vediamo come un vero e proprio salto nel vuoto.

Forse, però, ho trovato la chiave per farle capire che per rinascere deve fare la cosa più semplice di tutte: vestirsi di un po' di sano egoismo e iniziare a pensare anche a se stessa. Così come le ripeto da ormai infinite telefonate, torno a dirle che facendosi schiacciare dai problemi non solo non aiuta nonna, ma nel tempo potrebbe pregiudicare la sua salute fino al punto di portare me fra un paio di anni a dover prendere per forza quel maledetto testimone.

Mamma inizia a capire sempre più che questo mio modo di vedere e affrontare le situazioni della vita non è frutto di egoismo o ingenuità, bensì di profonda consapevolezza del fatto che, forse, fino ad oggi, abbiamo sbagliato tutti tutto.

Effettivamente cos'è più egoistico? Mollare tutto e andare a inseguire i propri sogni, la propria felicità, prendersi cura di se stessi e dei propri interessi e salvaguardare la propria salute psicofisica dall'altra parte del mondo, senza essere quotidianamente a disposizione dei nostri cari ma, allo stesso tempo, senza pesare veramente su di loro…

o rinunciare alla propria vita, alle proprie ambizioni, alla propria felicità per stare sempre dietro a qualcuno o qualcosa, rovinandosi la salute psicofisica per sentirsi a posto con la propria coscienza ma vivere nella frustrazione che poi inevitabilmente riverseremmo o cadrà addosso ai nostri cari?

Le porto il mio esempio: "Mamma ricordi quando vivevo a Reggio Calabria e potevo starti vicino fisicamente, aiutarti nella quotidianità, ma allo stesso tempo vivevo una vita che non sentivo mia? Tu eri felice che io fossi lì con te anche se mi sapevi irrealizzata? O sei più felice adesso che vedi dalle mie storie su Instagram e dalle mie dirette Facebook, che vivo serena e sprizzante di gioia a bordo del mio camper? Ecco, è così che avrei voluto vedere nonna ed è così che adesso voglio vedere te! Serena!"

Con il suo "mmmm" in segno di approvazione intuisco che forse ha capito! Che poi non c'è molto da capire secondo me… C'è una bella differenza tra abbandonare qualcuno per pensare solo a se stessi ed esserci nei momenti davvero difficili ma viversi la propria vita serenamente nel frattempo.

E adesso che mamma è finalmente rinvenuta, possiamo anche salutarci e terminare la chiamata col cuore un po' più leggero entrambe! Io amo mia madre e non la abbandonerei mai. Siamo più complici ora di quando vivevamo appiccicate e avevamo diversi motivi di discussione in più. Voglio vederla felice e voglio che sappia che lo sono anche io. E se per rincorrere la nostra felicità dobbiamo vivere a chilometri di distanza, non è certo un problema. Sappiamo entrambe che, tutte le volte che ne sentiremo il bisogno, potremo correre l'una dall'altra senza esitare. Come quella volta che, tra passaggi in auto e coincidenze di treni, mi scapicollai per farle una sorpresa di due giorni in un momento difficile della sua vita, solo per darle un fortissimo abbraccio!

Domino vs Tempio

Ricordo che un giorno, su uno dei miei oltre duecento aerei presi durante i miei viaggi, rimasi a riflettere su una frase che aveva pronunciato la hostess di volo:

In caso di necessità, l'alloggiamento che contiene le maschere per l'ossigeno si aprirà automaticamente, prendete una maschera ed attivatela tirando energicamente verso di voi. Portatela sul viso coprendo naso e bocca e respirate normalmente. Se viaggiate con bambini mettere per prima la propria maschera e solo successivamente la loro.

Perché mai un genitore dovrebbe mettere la propria vita davanti a quella del proprio figlio? Rimasi con questo interrogativo per giorni quando, all'improvviso, arrivai alla conclusione:

***Non possiamo essere d'aiuto a nessuno
se prima non pensiamo a mettere in salvo noi stessi***

Perché mai dovremmo raccogliere la merda dei nostri genitori quando siamo adolescenti e quella del nostro compagno e marito dopo, oppure dei figli fin quando saranno adulti (che poi, per molti genitori italiani, non lo siamo mai) e poi di nuovo dei nostri genitori quando saranno anziani? Siamo mica degli stercorari, e nemmeno ci nutriamo di sterco! Allora perché lo facciamo? Ci fa forse piacere dedicare la nostra intera esistenza sempre a qualcun altro? Perché, in fondo, se non invertiamo la rotta, è esattamente questo che si fa. E soprattutto, qualcuno è davvero felice nel fare ciò? O si tratta, anche qui, di fare i conti con qualcosa che deriva dall'esterno? Come senso del dovere, sensi di colpa, dell'indottrinamento della Chiesa e paura del giudizio degli altri?

Sin da giovanissima mi facevo tutte queste domande e, nonostante all'inizio dovetti fare i conti con la mia vocina interiore che mi faceva sentire egoista e che cercava di convincermi che "così va il mondo", le risposte spingevano dentro di me come un vulcano pronto ad esplodere.

No! Non avrei voluto dedicare ogni giorno della mia vita a qualcun altro e non avrei voluto saltare tappe importanti della mia esistenza semplicemente per ripetere ciò che mi avevano detto fosse giusto fare. E non avrei messo al mondo i miei futuri badanti pretendendo che, più avanti, loro facessero lo stesso per me! E se io nemmeno volessi realmente che qualcuno lo faccia per me? Quella sarebbe stata la chiave di volta che mi avrebbe permesso di raggiungere la mia personale deduzione, anche stavolta?

Io non avrei rinunciato alla mia vita per nessuno e mai avrei voluto che qualcuno lo facesse per me! Ma la vocina infame ogni tanto tornava nuovamente a tormentarmi: "Stai solo cercando un escamotage per cercare di convincerti che fai bene ad essere egoista, perché poi non è detto che qualcuno penserà a te!"

Questo pensiero mi faceva stare male e mi assillava letteralmente. No, non il pensiero che probabilmente nessuno ci sarebbe stato quando avrei avuto bisogno di avere qualcuno al mio fianco, ma il pensiero che proprio non riuscivo ad accettare questo meccanismo contorto che l'essere umano si è inventato per complicarsi ancora una volta la vita, rispetto ai suoi istinti naturali. Perché mai sarebbe giusto appoggiarsi gli uni agli altri, come delle tessere del domino? A me non sembra un'opzione intelligente, soprattutto se penso con quale velocità si possono distruggere ore, giorni, mesi e a volte anni di lavoro! Eppure, fin da piccola, le dinamiche familiari mi stavano convincendo che questo domino fosse la normalità. Papà non c'era quasi mai, i weekend in famiglia erano solo una vaga fantasia. Mia mamma faceva davvero di tutto per distrarci da quella triste realtà ed io facevo altrettanto per non farla sentire in colpa. Stava ripetendo il copione di nonna che si era annullata per i suoi cari? Ero troppo piccola per capirlo e lei così bella riflessa allo specchio mentre si truccava con un velo di mascara i suoi dolcissimi occhi, sempre molto stanchi ma tanto orgogliosi di me. Il nostro era una specie di accordo tacito, dove il mostrare l'una all'altra che avremmo potuto farcela anche da sole sembrava essere la soluzione a tutti i problemi.

Ricordo ancora i colori grigi, nonostante un tiepido sole. Grigi come la muffa che si impadroniva liberamente degli angoli di casa nostra e che rendeva l'aria ancora più pesante, se mai fosse stato possibile!

Un giorno, per distrarmi, mamma mi aveva chiesto di aiutarla a preparare una profumatissima torta alla frutta. O forse era il suo modo amorevole e innocente di rimediare a quelle lacune di cui, anche se involontariamente, era complice. Da buona donna calabrese degli anni '60 aveva imparato presto l'arte del soccombere per il quieto vivere. A me, ad ogni modo, bastava il suo sorriso fiducioso e una delle sue mille attenzioni per non sentirmi completamente perduta. Sin da bambina a volte ho dovuto prendermi cura di lei per non darle preoccupazioni ed era mio compito vederla sorridere sapendo che poteva contare su di me. Lei non si risparmiava mai, sia nelle faccende domestiche che nel lavoro. Portare avanti la casa con tutte le incombenze e due figli non era affatto semplice per una donna praticamente sola ed io, se potevo, cercavo sempre di aiutarla per alleggerire le sue giornate. Ero una bambina modello. Educata, responsabile, con ottimi voti a scuola e attenta alle faccende di casa. Aiutavo mamma a gestire mio fratello più piccolo di un anno e mezzo e cercavo di darle meno sofferenza possibile perché qualcosa mi diceva, nonostante fossi così piccola, che il suo cuore aveva bisogno di pace e di amore. Così spesso passavo i pomeriggi con lei, anche quando potevo uscire. D'altronde il buio arrivava presto a Milano, sia fuori che dentro.

Una vita di sacrifici la sua e di piena dedizione alla famiglia e ai figli. Idem la mia, nonostante la mia tenera età. Stavo accettando che la tessera di mia madre si appoggiasse alla mia, in un precario equilibrio che in pochi istanti sarebbe potuto andare in frantumi. Per quanto volessi fare la brava bambina e dire a me stessa che se amavo qualcuno era giusto così, allo stesso tempo sapevo che stavo permettendo a qualcuno di appoggiarsi a me, ed io, di conseguenza, mi sarei appoggiata a lui o a qualcun altro prima o poi. Ecco che iniziavo a studiare il copione anch'io.

No, questo proprio non mi dava serenità.

Se invece ognuno di noi iniziasse a staccarsi un po' dagli altri, il giusto necessario per cercare un proprio equilibrio? Se, solo successivamente, si tornasse più forti per posizionarsi accanto agli altri ed essere colonna portante nelle loro vite? Se invece di appoggiarci gli uni agli altri sempre, in qualunque situazione, lavorassimo su noi stessi per diventare davvero forti e indipendenti, per poi dopo riuscire a sorreggere davvero insieme dei pesi importanti, stando ognuno alla giusta distanza dall'altro? Cioè, se invece di lavorare io per mia mamma, mia mamma per sua mamma, mia nonna per me, e così via per i secoli dei secoli, amen, ognuno lavorasse per sé? Devo ammettere che mi è sempre piaciuta molto la matematica, ma giuro che non è solo una questione di calcoli di ore di lavoro, che rimarrebbero comunque invariate. Non è solo per pura comodità… Credo davvero che ognuno di noi debba semplicemente imparare a camminare e tenersi in piedi con le sue gambe.

Ero finalmente arrivata alla mia conclusione: nella mia vita non sarei stata una delle infinite tessere dipendenti da altrettante infinite simili.

Sarei stata colonna, sarei stata forte

Prima di tutto per me stessa e poi, senza aspettarmi nulla in cambio, per gli altri. Avrei costruito un tempio, il mio tempio, quello della mia famiglia e di tutte le persone a me più care. Anche di nuove famiglie acquisite in Spagna e nel resto del mondo, che ad oggi sono decine, se non centinaia. Mia madre avrebbe fatto lo stesso e così ogni persona che si sarebbe avvicinata a me. Sarebbe stato un lavoro difficile, lungo e doloroso, che mi avrebbe letteralmente strappata via dalla mia zona di comfort, mi avrebbe sballottolata un po' qua e là e su e giù nel vuoto che stavo creando, apparentemente, attorno a me. Sarebbe stato un processo lento, durante il quale mi sarei spesso rimessa in discussione, ma era un lavoro che avrei dovuto e voluto fare. Lo dovevo a me e lo dovevo alle persone che amavo.

Sarei andata a conquistarmi la mia felicità anche se si trovava a chilometri di distanza dalla mia famiglia. Sarei partita senza nessun rimorso. Senza nessun senso di colpa. Tanto le persone che contano davvero le portiamo con noi nel taschino, ovunque andiamo.

***Meglio felici a chilometri di distanza
che tristi e irrealizzati a pochi centimetri gli uni dagli altri***

E adesso, anche a chilometri di distanza e con un telefono a dividerci, sono contenta di esser riuscita ad immettere nella strada della felicità anche mia madre. Lontane ma vicine, con un unico scopo: goderci la vita che abbiamo davanti!

Legami che lasciano liberi

La chiamata di mia madre mi ha "rubato" un po' di energie, decido quindi di prepararmi una merenda veloce, visto che sono digiuna da ieri sera! Apro il frigo in cerca di qualcosa di fresco. Mi sa che opterò per un pieno di vitamine con una bella macedonia e un'aggiunta di yogurt fresco, comprato ieri da un pastore vicino a me nel mezzo delle mille commissioni, assieme a un pugno di mandorle. Semplice, genuina e rigenerante. Per un tocco di freschezza in più, bevo un bel bicchierone di succo d'arancia fresco.

Tiro fuori sedia e tavolo anche se non sarebbe legale, ma qui siamo abbastanza isolati da non dare fastidio a nessuno, e apro il mio pc portatile, un Lenovo che ormai avrà più di sei anni ma ancora riesce a svolgere le funzioni indispensabili per quelle che sono le mie principali attività da blogger e sui social network. Ho sempre pensato che sia meglio farsi durare quello che si ha e non gettarlo via come se niente fosse, magari presi dalla moda del momento che suggerisce di essere sempre al passo con l'ultimo modello di pc o smartphone. Sono d'accordo con il fatto che la tecnologia va avanti, ma questo shock compulsivo di essere sempre e comunque al passo con i tempi mi dà un po' d'ansia e non poca tristezza. Quindi, fin dove posso, meglio restarne fuori!

Lo schermo del pc s'illumina e sul desktop mi appare la gigantografia di una delle prime foto scattate a Spritz quando aveva pochi mesi, il manto nero carbone e la medaglietta con il mio numero di telefono quasi più grande di lui.

Devo mandare un documento al commercialista e da qualche parte in mezzo a duemila file, trovo la mia cartella documenti. Serve la password per accedervi… e chi se la ricorda?! Devo ammettere che sono un vero disastro con le password! Faccio un paio di tentativi e in culo alla balena… la cartella si apre! Non è quella dei documenti, bensì quella del backup di un vecchio hard disk.

La cura di rinominare ogni foto con la data degli scatti fotografici mi fa ricordare di quella parte di me da maniaca del controllo che sto tuttora provando a lasciar andare, ma su cui ancora non ho lavorato a sufficienza. Anche perché, almeno mi garantisse di aprire la cartella giusta ogni volta!

Decido di perdermi tra quelle foto. Ci sono quelle della scuola e delle vecchie compagnie e anche quelle dei miei viaggi. Mentre scorro su di esse mi sembra di rivivere quei luoghi e quegli sguardi. Ma aspetta… questo chi è? I suoi occhi sono azzurri come il più limpido dei mari che abbia mai visto e i suoi capelli sono neri e spettinati e soprattutto il suo sorriso radioso… sì, non ho più alcun dubbio: è Roberto della 5ªB! Una delle mie prime cotte, mai ricambiata perché ero più piccola di un anno. Ricordo le sue parole e le sue promesse, "c.b.c.r." (cresci bene che ripasso). Sarà… io ancora lo sto aspettando!

Sono quelle emozioni che in qualche modo ti rimangono dentro e che anche a distanza di tempo non riesci a dimenticare. Lo definirei quell'amore che non si scorda mai, quello di cui parlavo al mio diario, l'amore analogico fatto di bigliettini "Vuoi metterti con me? Sì - No", di scritte sul diario "Roberto ti amo", di pomeriggi all'oratorio, del gioco della bottiglia che, non si sa perché, mi ha fatto baciare mezzo quartiere meno che lui, e di serate a fantasticare e a sognare di noi e dei nomi da dare ai nostri tre figli. Ricordo ancora i nostri giorni a scuola e quelle occhiate furtive che mi facevano arrossire le guance. Il battito del cuore all'improvviso accelerava ed io mi ritrovavo senza parole. Mi sembrava tutto così magico. Ogni cosa che vivevo era all'apice dei sensi ed ogni emozione lasciava dentro di sé il sapore unico del primo amore.

Penso a quella esperienza e come per incanto riaffiorano tutte le altre, una dietro l'altra come in un time-lapse. Ripenso a come a volte mi è bastato un attimo per sentirmi al settimo cielo e a come avrei dato tutta me stessa affinché una relazione potesse funzionare. Era come se riuscissi a farmi stare bene ogni cosa, anche ciò che non mi stava poi così bene, perché "è così che funziona l'amore, ci vuole tanta pazienza", mi dicevo! Man mano che facevo conoscenza di persone diverse e vivevo esperienze diverse, in realtà

L'unica persona che stavo conoscendo davvero ero io

E sempre di più si apriva dentro di me la vera consapevolezza di quello che volevo per me nella vita.

Credo che le storie che ho avuto mi abbiano insegnato davvero tanto di me, dandomi modo di guardarmi dentro per capire realmente chi sono.

Ed ora, scorrendo le immagini, rivedo tutta la mia evoluzione. Negli anni tante cose sono cambiate. Rivedo quei vestiti bellissimi che oggi non metto più e tantissimi particolari, come il taglio di capelli sempre diverso che faceva un po' da cornice al mio mood del momento. Devo ammettere che ne è passato di tempo e il principe azzurro, dopo diversi passaggi, ha cambiato colore e forma del vestito. Ora esce in infradito, ha un paio di tatuaggi, una tavola da surf e il capello lungo e sbarazzino. Un amore che in intensità non è cambiato affatto, ma sì nella forma e nella dimensione. Lo definirei

Un amore senza confini e senza limiti

A distanza di tempo le cose cambiano, tanto che a volte fatico a spiegarmi come fanno quelle coppie che si conoscono alle medie e stanno insieme per tutta la vita. Ammirevoli!

Io e Roberto ci siamo persi di vista e probabilmente lui adesso avrà una moglie e dei figli, o forse sarà in viaggio come me, ma semplicemente dall'altra parte del mondo.

Anch'io sono cambiata ed oggi la libertà è forse il valore che metterei al primo posto, anche se è stata dura rendermene conto. Oggi sono alla ricerca di persone con i miei stessi ideali. Crescendo e maturando consapevolezza, facevo sempre più caso ai dettagli di chi avevo l'opportunità di conoscere e mi accorgevo, spesso anche solo da piccoli atteggiamenti, quanto queste persone fossero lontane dall'immagine che mi ero fatta di loro. Non so perché, ma qualcosa stonava sempre. O erano troppo mammoni, o troppo gelosi, o troppo pigri, o troppo narcisisti, o troppo qualunque cosa.

Così ho iniziato a farmi l'ennesimo esame di coscienza, un percorso introspettivo alla scoperta della mia oscurità. Forse ero io a commettere qualche errore di valutazione. Semplicemente forse non mi sentivo mai abbastanza, tanto da cercare la gratificazione in qualcuno o qualcosa, ed io senza quel qualcosa non sarei stata felice. In questo modo, invece, mi allontanavo sempre di più dal concetto di amore che avrei imparato in età adulta. Idealizzavo chi mi stava vicino fino a farmelo piacere davvero fino al momento in cui mi rendevo conto che, in fondo, non mi piaceva abbastanza. Ma era così duro il pensiero di subire un altro abbandono che alla fine trascinavo la relazione per mesi.

Dovevo quindi cambiare qualcosa. Avrei dovuto capire cosa fosse davvero importante per imparare ad amare davvero. Avrei voluto riconoscere chi davvero volevo al mio fianco, che era ben lontano dall'ennesimo clone che mi presentava la società. Capii che per amare davvero qualcuno e per essere amata davvero, avrei dovuto prima di tutto imparare ad amare me stessa e, per farlo, avrei dovuto imparare a conoscermi, ascoltarmi ed accettarmi.

Iniziai quindi a scrivere un diario in cui annotavo le mie esperienze facendo un'analisi di quello che vivevo. Avevo anche ideato uno schema in cui riportavo quello che mi piaceva e non mi piaceva degli uomini che conoscevo, di quelli con cui avevo una relazione e anche di quelli con cui stavano le donne che conoscevo. Da una parte segnavo quelli che per me erano i valori imprescindibili che avrei voluto appartenessero al mio partner e dall'altra quelli che proprio sapevo di non volere nella mia vita. Questi pilastri sarebbero stati le fondamenta del mio rapporto ideale, i pilastri da cui partire per iniziare a costruire una relazione sana. In questo modo il mio margine di errore si sarebbe assottigliato sempre di più e mi sarei potuta evitare altre matematiche delusioni. Avrei avuto finalmente un'immagine chiara e trasparente di quello che volevo e non volevo per me stessa. Una bacchetta magica, praticamente.

Con il passare del tempo ero diventata sempre più esigente. Questo si percepiva anche guardando la lunghezza delle mie frequentazioni, che negli anni si era parecchio accorciata. Dalla mia storia d'amore più lunga, durata circa due anni e mezzo, alle successive che, purtroppo o per fortuna, avevano vita sempre più breve, tanto quanto aumentava la mia velocità di valutazione della situazione e, di conseguenza, a quanto velocemente il mio sesto senso si affinava. Ma, come in tutte le cose, la verità della vita non è mai né bianca né nera… È vero, non avrei dovuto farmi andare bene qualunque situazione pur di non rimanere da sola, ma neanche avrei potuto schedulare ogni singolo pretendente e/o appuntamento con delle formule matematiche uguali per tutti! Anche perché, ogni persona è diversa dall'altra.

Quello che stavo iniziando a fare, era indossare una corazza e restringere il cerchio delle emozioni per non soffrire più. Ma non si possono filtrare le emozioni e decidere di vivere solo quelle "positive", dal momento che non esiste esperienza positiva che non porti con sé esperienze negative. Allora come fare? Quale sarebbe stato il "trucco" per scegliere il partner perfetto? Semplicemente non avrei dovuto fare. Avrei dovuto iniziare a non fare. Anche perché la perfezione non esiste. Purtroppo però, anche questa lezione l'ho imparata con cicatrici sulla pelle.

In fondo, la vita è così:
prima ti dà la lezione e poi te la spiega

La mia bussola è il mio sorriso

Riflettendo, dopo essermi guardata dentro, avevo un'immagine nuova di me e del mio concetto di amore con cui avrei iniziato a creare una relazione diversa da tutte quelle vissute in precedenza. Gli uomini non erano più nemici da annientare, ma esseri umani unici e ineguagliabili, degni di un'occasione, che però non sarebbe durata vent'anni di matrimonio. Non sarebbe stata né sopportazione, né tentativo di cambiarsi a vicenda, giudicarsi, tantomeno giurarsi amore eterno se e solo se rispetterai le mie necessità. Sarebbe stata semplicemente voglia di condividere le rispettive vite, all'insegna del rispetto del modo di essere, dei bisogni e degli spazi altrui. Potrebbe sembrare difficile parlare di unione attraverso questa concezione di relazione libera, ma so perfettamente che ad oggi per me l'amore è davvero una cosa semplice. Tanto quanto questa verità:

La mia bussola è il mio sorriso

L'amore per me è un sentimento che non ammette limiti e per

questo non deve essere circoscritto in una formula che in qualche modo plasma il legame tra persone. Certe cose, quando le vivi o le senti (o non le senti), non hai la necessità di urlarle al mondo intero. Sarebbe solamente un'andare alla ricerca di conferme, il che potrebbe diventare un circolo vizioso da cui si esce difficilmente.

Man mano che prendevo in considerazione quello che non avrei voluto in una relazione, la selezione dei miei pretendenti si faceva naturalmente sempre più sottile. Una linea di confine che segnava lo spazio tra la mia sfera e tutto quello che mi circondava. Da quella posizione mi rendevo conto che dovevo solo lasciarmi andare, semplicemente osservando chi mi stava di fronte.

Amarsi e lasciarsi amare era diventato il mio karma e l'uno non poteva prescindere dall'altro, in quanto, se non ero io a dare amore a me stessa, nessuno lo avrebbe fatto al mio posto. Dovevo iniziare a capire la differenza tra Amore e dipendenza affettiva o mi sarei allontanata sempre di più da quello che volevo veramente. Iniziai così a volere che le persone che avevo accanto pretendessero che io fossi felice, mentre io pretendevo lo stesso per loro.

Quando conosco qualcuno (e non parlo solo di relazioni con l'altro sesso), mi rendo conto quasi subito di chi ho di fronte, dalle cose più grandi a quelle più piccole. Se la sua vita e le sue priorità non hanno nulla a che fare con le mie, se il suo modo di essere e di fare non è di mio gradimento o noto che, al contrario, storce il muso ai miei racconti, se viviamo su due universi paralleli, insomma, se la mia bussola inizia ad andare in tilt, non perdo proprio tempo a cercare di provare a cambiare la benché minima parte di quella persona. Posso sì cercare di spiegare il mio punto di vista, ma non devo e non mi deve convincere nessuno. Semplicemente, o sento che quella persona apporta emozioni positive od ognuno rimane sulla sua strada, perché per me l'amore è un'altra cosa. Tutti infatti nella vita possiamo infatuarci di una persona e provare l'ebrezza dell'innamoramento che ci spinge a idealizzarla, ma questa fase non dura a lungo e impariamo a nostre spese che spesso porta solo ad una relazione tossica, destinata a finire comunque. Questo per me vuol dire cercare punti di contatto che ci fanno capire se sono più le cose che ci avvicinano di quelle che ci allontanano. Vuol dire cercare nel sorriso dell'altro una grande soddisfazione e senso di appagamento. Vuol dire vedere che quella persona fa dei passi verso di noi nonostante noi non gli abbiamo chiesto nulla. Vuol dire continuare la propria vita da "single", mantenendo le proprie passioni e il proprio modo di essere, semplicemente condividendo la propria gioia con quella di qualcun altro. Solo così si riesce a creare un rapporto costruttivo, in un processo fatto di tappe in cui la magia del corteggiamento e la reale consapevolezza reciproca si sposano armonicamente. È da questo presupposto che si inizia a lavorare insieme, giorno per giorno, per costruire un rapporto solido fatto di rispetto reciproco. Una comunicazione efficace farà il resto.

Sento che tutto quello che va oltre un rapporto sano sia solo voglia di compiacere l'altro e di conseguenza le nostre esigenze, rischiando così di segnare una relazione sin dall'inizio. Bisogna dedicarsi alle proprie passioni, bisogna continuare a concedersi degli spazi per coccolarsi senza aspettare sempre che lo faccia l'altro per noi, e bisogna ascoltarsi sempre. Credo fortemente che l'amore vero non sia morbosità e nemmeno attaccamento.

L'amore vero è libertà e fiducia reciproca

Ognuno dovrebbe trovare il modo di realizzare se stesso nella coppia, seguendo e continuando a seguire le proprie ambizioni, portando la propria esperienza e la propria gratificazione tra le mura domestiche. Perché il rapporto di coppia è anche questo, una crescita personale in cui un individuo si misura con l'altro, accettandolo per come è e aiutandolo a diventare ogni giorno la versione migliore di sé.

Tutto parte dall'empatia e dal desiderio di condivisione dei nostri preziosissimi tempi e spazi. Non c'è prevaricazione sull'altro, ma un equilibrio fatto di conoscenza, proprio perché in amore si è tutti sullo stesso livello. Ci vuole capacità di ascolto, non solo delle parole, bensì delle emozioni. A volte i gesti e gli sguardi fanno capire tutto. Solo in questo modo si potranno creare le basi per un rapporto di coppia sano che vive e gode del suo "qui ed ora", a cui non serve progettare il futuro perché

È nell'oggi che si genera il domani

L'appuntamento con il domani è solo all'interno dell'attimo che si vive e non bisogna sprecare tempo prezioso rincorrendo qualcosa che vorremmo si avverasse o che non è avvenuto prima. Come, ad esempio, chi pretende di amare rimanendo imbrigliato nei retaggi del passato. Questi due universi non si possono incontrare, perché è solo mettendo da parte certi eventi che siamo in grado di accogliere qualcosa di nuovo. E, allo stesso modo, bisogna evitare di privarsi della gioia del presente per paura di quello che potrà succedere in futuro.

Dove c'è paura non può esserci amore

Questo è tutto ciò che ho dedotto ed è ciò che voglio nell'unica relazione che accetto nella mia vita. Fino ad allora, altrimenti, continuo a stare benissimo da sola con me stessa, anche perché non voglio certo rischiare, come fanno certe persone, di ritrovarmi impegnata con la persona sbagliata quando arriverà quella "giusta".

I benefici della *solitarietà*

Una notifica su Google Calendar continua a darmi il tormento. Lo schermo si illumina e mi avvisa che devo andare a ritirare le analisi di controllo di Spritz dal veterinario, già che c'ero gli avevo fatto fare anche quelle per il titolo antirabbica. Non so se tornerò in Marocco quest'anno. Mi sta solleticando fortemente l'idea e, conoscendo il mio pepe nel culo (come dice mia madre), è molto probabile che decida da un secondo all'altro di imbarcarmi. Dunque, mi porto avanti con tutti i documenti necessari!

Metto a tacere la notifica e spengo il pc. Il commercialista può aspettare ma il veterinario no, perché chiude alle quindici e manca già un quarto alle due. Devo rimandare anche i miei piani di mettermi a lavoro sui miei nuovi contenuti... Essere il capo di se stessi non è sempre semplice! La gestione di tutte le task in autonomia permette una maggior flessibilità (non devo certo timbrare il cartellino!), ma rischia a volte di farmi cadere nella procrastinazione. Tra qualche ora avrò però delle call di lavoro che non posso posticipare, quindi non ho altre opzioni: ripongo tutto dentro e decido d'incamminarmi.

A dirla tutta, uscire dal mio amato camper nelle ore più calde non è certo il mio desiderio più grande! Il mese di febbraio sta per terminare e qua in Andalusia oggi fa particolarmente caldo, ventidue gradi… ma non nel mio camper! Il condizionatore che ho montato è la salvezza mia e di Spritz. Del resto, con una testa come la mia, che ama improvvisare viaggi all'ultimo minuto, bisogna esser sempre pronti ad affrontare ogni stagione. Sono libera di andare in qualunque posto in qualunque momento dell'anno, senza nessuna scusa come il troppo caldo o il troppo freddo!

Prima di uscire controllo giusto di aver preso tutto il necessario: passaporto canino, libretto di vaccinazioni con timbro su ogni etichetta riportata a conferma della validità in corso e un bel sacchetto di feci omaggio per la dottoressa... sembra tenerci tanto a ispezionarle con cura, dato che me lo ha ripetuto quaranta volte!

Mentre mi ricordo del perché ho scartato la carriera veterinaria dalle potenziali che più mi appassionavano da piccola, mi do un'occhiata veloce allo specchio. Ultimamente mi capita poco di farlo. Come se l'aspetto fisico ormai non mi interessasse poi più di tanto, o forse perché sono sempre presa da mille cose da fare.

Come cambiano le cose

Quando avevo vent'anni dedicavo ore a farmi bella e a scegliere i vestiti e gli accessori adatti ad ogni occasione, rigorosamente abbinati gli uni agli altri: gli orecchini alla collana, ai bracciali e agli anelli e la borsa abbinata alle scarpe e alla cintura. I capelli, lunghi e boccolosi, mi portavano via anche un'ora al giorno e la tinta (sempre diversa) un mezzo pomeriggio ogni tre settimane circa! Poi c'erano le unghie, lunghe e glitterate, quasi indispensabili. Fatto sta che perdevo ore e ore a settimana a dedicarmi a cose che sarebbero durate solo qualche minuto, come il trucco perfetto, o massimo tre settimane, come tinta e ricostruzione unghie. Se ci penso oggi che perdevo un'ora a truccarmi e poi mezz'ora la sera per struccarmi, non mi capacito di dove trovassi tanta pazienza!

Ricordo che per il compleanno di Stefania, la mia migliore amica delle superiori, avevo iniziato a prepararmi già dal pomeriggio cercando il vestito più adatto, con ombretto e rossetto in tinta, perché l'outfit doveva essere perfetto per quella serata. Via col trucco, rigorosamente più glitterato possibile, eyeliner sulle palpebre superiori e matita nera in quelle inferiori. Un tocco di bianco per valorizzare i punti luce e un filo di mascara per far risaltare le ciglia. Copriocchiaie per coprire non so cosa a quell'età e fondotinta giusto per correggere non so cos'altro, terra per abbronzare, fard per illuminare, rossetto per ingrandire le labbra e lucido per rimpolparle. Ecco, ora sì che potevo definirmi quasi perfetta! Ah no, quasi dimenticavo… un'ultima spruzzata di profumo ed eccomi pronta per la festa con le mie amiche.

Ogni sabato sera, insieme al mio gruppo decidevamo il punto di incontro in città e da lì iniziava il divertimento. Mi ritrovavo a passare dall'aperitivo alla cena, al cocktail nel bar più "in", alla discoteca dove avrei ritrovato sempre le stesse persone, e dalla discoteca di nuovo al bar, sempre lo stesso per dieci anni, a fare colazione. Sempre lo stesso giro, all'infinito! Ormai era diventato tutto pura consuetudine.

Mi preparavo per ore per essere pronta a quella che sarebbe stata una serata spensierata e ricca di belle esperienze e nuove conoscenze, confronti fatti di racconti reciproci che mi avrebbero arricchita ed aiutata a diventare una persona migliore. Spesso però non era così. Mi ritrovavo circondata da persone che non conoscevo o con le quali, in fondo, avevo poco in comune. Mi chiedevo se fosse veramente quello che volevo e soprattutto se tutto ciò mi rendeva davvero gratificata e felice, o stavo solo ripetendo l'ennesimo copione. Forse perché non avevo un reale confronto con esperienze diverse o forse perché, non volevo sapere la risposta, accettavo qualunque contesto pur di stare con loro, anche se questo, in cuor mio, non solo non mi gratificava completamente, ma a volte mi faceva sentire sola anche in mezzo a mille persone.

Avevo tutto: amici, una macchina che, seppur vecchia, mi portava ovunque, vestiti abbinati, trucco perfetto, cellulare che seguiva abbastanza la tecnologia del momento. Praticamente tutto quello che diceva la moda dei tempi. Tuttavia, era come se non mi sentissi parte del gruppo. Sentivo come se avessi un vuoto da colmare ma non sapevo come. Ed ogni volta si ripeteva la stessa storia, fino a quando iniziai a pensare che il problema non erano gli altri, ma io. E se l'unica persona che non si accettava davvero in quei gruppi ero proprio io? O se semplicemente stavo sbagliando contesto in cui volermi inserire e la mia strada era un'altra?

Dovevo fare delle scelte e decidere quello che realmente volevo. Dovevo iniziare a rispettare i tre importanti imperativi che mi ero promessa di seguire:

Osservati, Ascoltati, Amati

Iniziai così a chiedermi come sarebbe stato il mio futuro, se giunta a vent'anni sembrava che ancora non sapessi cosa volevo davvero e cosa mi gratificasse. Me lo chiedevo e a stento trovavo la risposta.

Col passare degli anni iniziavo a uscire sempre di meno la sera e a dedicare tempo e soldi a nuove esperienze. Ero molto motivata a rimettermi in discussione, o forse non vedevo alternative. Cominciai dunque ad assecondare quella mia parte che in fondo sapeva bene, sicuramente meglio di me, che ero finalmente sulla strada giusta. Evitavo di frequentare sempre e solo le stesse compagnie e iniziavo a muovermi con la mia macchina per essere autonoma e indipendente, anche perché avevo sempre meno voglia di tornare a casa troppo tardi. Cercavo di fare selezione e decidere con chi trascorrere il mio prezioso tempo, anche se mi rendevo sempre più conto che erano molti di più i momenti che trascorrevo in solitudine. Ad esempio, erano anni che desideravo ripetere l'esperienza del campeggio coi nonni, ma mai nessuno del gruppo mi assecondava e finivamo per prenotare un volo per Ibiza o Lloret de Mar, per vacanze all'insegna di discoteche, alcool e giornate in spiaggia a prendere il sole. Volevo tanto andare a fare snowboard in montagna, ma mai nessuno aveva voglia di alzarsi alle sette di domenica mattina, tornando a casa dalla serata praticamente all'alba. Il mare per noi non sarebbe mai stato surf, kitesurf o kayak, ma bikini abbinato al telo, crema superabbronzante, birra e patatine.

Iniziavo, dunque, a fare ciò che sembrava interessarmi davvero. I viaggi e gli sport all'aria aperta sarebbero diventati il mio pane quotidiano. E così un bel giorno è scattata in me la scintilla che mi ha fatto collegare tutto ciò che fino a quel momento non avevo capito perché stavo osservando le cose troppo da vicino. Quel dovermi muovere da sola, che fino al giorno prima vedevo come la cosa peggiore del mondo lasciando che la tristezza invadesse il mio corpo e la mia anima, iniziavo a viverlo come un vero piacere. Era l'ennesima conferma del fatto che

La vita ci propone ogni giorno infinite sfide
ma allo stesso tempo ci regala ogni giorno
infinite opportunità di crescita

Spetta a noi saperle cogliere e, soprattutto, vederle come un'opportunità piuttosto che una disgrazia. Solo restando da soli con se stessi si può maturare quella consapevolezza che ci fa vivere esattamente nel luogo presente, non pensando troppo a quello che potrebbe pensare chi abbiamo intorno.

Avrei iniziato a pensare a me e a ciò che mi faceva star bene davvero, a costo di rimanere sola. Anzi era una cosa che iniziavo a dare per scontato: dal momento in cui iniziavo a pensare a me, a vivere per come volevo e a trattarmi da priorità, avrei riscosso sicuramente l'indignazione di molti. Mi ero chiesta se fossi pronta a farmi del vuoto intorno, perché ero sicura che sarebbe successo. Sicuramente molte delle persone per le quali non avrei più messo me stessa al secondo posto avrebbero prima cercato di manipolarmi e, non riuscendoci, si sarebbero allontanate. Mi importava eccome di ciò che sarebbe successo, ma non perché avrei perso molti amici… al contrario, perché avrei fatto una grossa pulizia senza troppi sforzi! Ero arrivata alla conclusione che

Chi rimane al nostro fianco
mentre lavoriamo per la nostra felicità
è perché ci ama davvero

Il suono di una nuova notifica del cellulare mi riporta alla realtà. Mi do un'ultima botta di spazzola ai capelli, giusto per sistemarli un po'. Anche se c'è quel ricciolo che dovrebbe essere piastrato, lo lascio così perché non importa più! E poi, pur volendo, la piastra in camper è off limits!

Prendo il guinzaglio di Spritz che, con fare scodinzolante, non vede l'ora di uscire. Per lui non è per nulla difficile vivere in camper perché, nonostante gli spazi siano stretti, passa più tempo fuori che dentro. Anzi, come per me ormai è quasi meglio perché ho meno metri quadri da pulire, per lui ancor di più! In primis ha meno scale da fare per uscire, anzi, praticamente nessuna. Inoltre adesso non ha più bisogno di seguirmi tipo ombra da una stanza all'altra, perché con un sollevamento sopracciglico ha tutta la situazione sotto controllo su qualunque angolo del camper.

Al mio "andiamo", che non mi spiego perché dopo già solo pochi anni abbia perso la "a" e sia rimasto solo "ndiamo", vola via come un razzo! Il guinzaglio lo porto a mo' di sciarpa fin quando non arriviamo sulla strada, tanto ormai è abituato a fare conoscenza con tutto quello che la natura mette a disposizione, dalla flora alla fauna. A volte sorrido se penso quanta cura ci mette a marcare il territorio intorno al camper

per delimitare il "nostro" spazio, come a dire "Ora finalmente è nostro, mamma". Come se non sapesse che domani non lo sarà più e dovrà ricominciare tutto da capo. Un po' come me che, ogni volta che arrivo in un posto, cerco la sistemazione migliore possibile rispetto al sole, al vento, ai vicini, all'inclinazione, e pulisco e sistemo tutto come se dovessi viverci per sempre.

Questo desiderio di esplorazione mista a senso di appartenenza da sempre ci unisce e ci accomuna, e ci rende dei compagni di viaggio affiatati come pochi altri.

Arrivata all'ingresso della clinica inizio a rendermi conto che non ricordo affatto dove posso aver scaraventato quel foglietto senza il quale non posso ritirare le analisi. Il nome Spritz forse è troppo comune in Spagna per non bastare? Non credo, dato che ogni volta lo ribattezzano "Esprit"! Sicuramente lo avrò rollato da qualche parte come una sigaretta. Per un attimo, lo ammetto, vado in panico. Intanto che cerco nella borsa, il dottore da dietro la mascherina mi sorride… lo noto dagli occhi! Forse ha percepito la mia disperazione e gli risulto molto comica in questo momento. O forse guarda il ricciolo che non ho piastrato? Magari, più semplicemente, vuole solo ricordarmi che prima devo prendere il numero e solo dopo mettermi in fila! Boh, so soltanto che ho la nausea delle file. Il mio numero è il trentatré e il tabellone segna ancora ventitré. Ma tutto arriva a chi sa aspettare, anche il numero trentatré nelle cliniche!

Mentre cerco il foglietto in tutta quella accozzaglia di cose che per non buttare a terra sono presenti nella mia borsa, noto che il mio smartphone si illumina e, presa dalla fretta, accenno a guardare il display: l'ennesimo nuovo messaggio su Facebook. Questo social ormai lo odio, non ho ancora eliminato l'account solo per due motivi: perché mi sono affezionata alla mia community che conta su di me e perché per il mio lavoro è praticamente essenziale. Ma non posso fare a meno di notare come ormai si sia perso il reale senso per cui è nato, ovvero metterci in contatto, e sia diventato un'arma di distruzione di massa col quale quotidianamente premiamo il grilletto l'uno contro l'altro. Specialmente da quando vivo in camper trovo molto più autentico il contatto con la realtà, con me stessa e con la natura, e sempre più sterile il tempo passato a vedere, leggere, rispondere a provocazioni e critiche di ogni tipo.

Proprio un secondo prima che chiamino il mio numero finalmente trovo il foglietto, sopravvissuto a tutti i traumi subiti dentro la mia borsa… giusto in tempo! Così mi avvicino e lo consegno. Tutta quella attesa per neanche un minuto di consegna delle analisi… ecco perché odio le file! Una volta ritirate, torno al messaggio. Lo apro e leggo le parole di Mario, un mio follower. Mi scrive che vorrebbe fare delle consulenze con me perché ha visto i miei video su YouTube. Gli piacerebbe tanto andare a vivere in camper, ma sta aspettando di trovare una compagna per farlo.

Mario ha trentasette anni, autonomo economicamente e camper munito. Praticamente è pronto a partire, ma sta rinviando quella che è la sua scelta, nonostante senta che lo renderebbe felice, a un momento che potrebbe non arrivare mai! Ormai conosco perfettamente certe dinamiche, un po' per il mio lavoro e un po' perché ci ho lavorato io per prima: la paura della solitudine. Mollare tutto, andare a vivere in un camper… non sono scelte semplici. Figuriamoci fare entrambe le cose contemporaneamente come ho fatto io! Si tratta di cambiare impostazioni, priorità e dinamiche, diventando completamente responsabili delle proprie scelte e protagonisti della propria vita. Nel bene e nel male. Io per prima, spesso, ho fatto scelte più "facili" di altre solo perché seguivo degli schemi che mi facevano meno paura e mi ci è voluto del tempo, tanto tempo, per capirlo.

Vivo in camper da sola e non ho nessuno con cui confrontarmi nel quotidiano, nelle piccole cose, e credo che sia stato un grande traguardo raggiunto per me stessa… essere in grado di affrontare le mie paure per vincere le sfide che mi si presentano ogni giorno. Non ho nessuno che viene con me dal veterinario, che mi accompagna per una visita o che mi prepara la cena mentre lavoro fino a notte fonda, ma tutto questo non mi spaventa più, anzi! Per me è stata, ed è tuttora, una sfida continua grazie alla quale guardarmi e capire se sto andando nella giusta direzione. Certo, ovviamente affrontando una scelta del genere sapevo che ci sarebbero stati momenti difficili ma, come in ogni percorso di vita, sapevo anche che era ciò che volevo davvero e quindi niente mi avrebbe creato sofferenza, nemmeno la solitudine. Non solo oggi questa è una sensazione che non mi spaventa più, ma spesso mi manca quando passo molto tempo in compagnia.

Ad oggi credo di avere molto più chiaro quello che secondo me è il problema della maggior parte delle persone che hanno paura della solitudine. Anzi, i due problemi!

Il primo in assoluto è il concetto che ne hanno. Soprattutto nella nostra società si sente parlare di solitudine con una accezione negativa e quasi mai positiva. Spesso la sentiamo abbinata a storie tristi, dove il soggetto è letteralmente vittima della solitudine o è morto nella più completa solitudine o è "poverino" perché è rimasto solo. Anche le immagini, le descrizioni e gli aforismi su Google trasmettono chiaramente il messaggio "stai con chiunque purché non solo". Persone a testa bassa e spalle chine in avanti, frasi tristi e addirittura articoli della serie "rimedi contro la solitudine".

Il secondo problema, ben peggiore, è che nella nostra lingua non esiste una parola diversa per esprimere anche un'accezione positiva del termine "solitudine". Al contrario, in inglese esiste la parola *loneliness* (sentirsi soli) e *solitude* (essere da soli). Ecco, le persone dovrebbero intanto essere consapevoli che si può decidere di essere soli e poi iniziare a vedere questa opzione come una scelta che può renderci altrettanto felici, se non di più a volte.

Vorrei coniare un mio personale termine:

Solitarietà

Significa essere spontaneamente solitari.

Le persone dovrebbero iniziare a vedere questa nuova parola come il lato di chi ama stare da solo, che non è necessariamente un essere asociale! Io, ad esempio, amo tanto la *solitarietà* quanto la compagnia e credo che l'una sia complementare all'altra. Non si può essere buoni compagni di qualcuno se prima non sappiamo essere il nostro miglior compagno e non possiamo aspettarci che qualcuno ami la nostra compagnia se noi per primi non la amiamo. Ma, soprattutto, se non impariamo a stare bene da soli, rischiamo di sentire un vuoto che ci farà stare così male da decidere di riempirlo con chiunque, anche a costo di stare poi peggio.

La regola delle sette C

Ho conosciuto migliaia di persone in giro per il mondo e, nonostante non mi piaccia generalizzare, credo di aver trovato delle cose in comune tra le persone che vivono nella *solitarietà* e che spesso mancano in chi vive nella solitudine. Queste cose in comune si potrebbero racchiudere in sette verbi che iniziano tutti con la C: conoscersi, concedersi, coccolarsi, connettersi, conoscere, condividere, credere.

Conoscersi

Sembra la cosa più scontata di tutte ma non lo è affatto, anzi, è quella da cui possono partire tutte le altre. Conoscersi non è facile e non è da tutti. Direi quasi che è un lusso che pochi hanno l'onore di possedere.

Come si fa a conoscersi? E per conoscersi, intendo conoscersi davvero, a fondo. Bisogna ascoltarsi, ascoltarsi col cuore. E, per potersi ascoltare, prima è importante sapersi guardare dentro, in profondità e chiedersi sinceramente le cose. Fermarsi, respirare e ascoltare la risposta. Perché c'è sempre una risposta e c'è sempre una domanda che ancora non ci siamo fatti.

Chi siamo? Cosa vogliamo veramente nella vita? Solo grazie a queste risposte possiamo orientarci e sentirci sicuri in tutte le nostre scelte più importanti, anche se per andare verso di esse spesso dobbiamo muoverci da soli.

Concedersi

Concedersi, che bella parola! Siamo sempre pronti a concederci agli altri, ma siamo mai pronti a farlo con noi stessi? E cosa dobbiamo concederci veramente?

Concedersi dei momenti di ascolto e comprensione, concedersi di sbagliare. Concedersi, soprattutto, il perdono per gli errori commessi e il tempo per rimediare. Ma anche concedersi le cose che ci piace fare senza aspettare sempre qualcuno o qualcosa che ci consenta di farle, quei piccoli vizi che ci fanno stare bene. Imparare e/o praticare quello sport, quello strumento o quegli hobby che da sempre abbiamo trascurato. Anche questo vuol dire concedersi. Concedersi del tempo per poter realizzare i propri desideri. Concedersi del tempo di qualità. Concederci di evitare di riempirlo con chiunque.

Coccolarsi

Parlavo di vizi ed ecco... concederseli vuol dire coccolarsi, prenderci cura di noi stessi, dei nostri bisogni, dei nostri desideri. Conosco persone che cucinano solo per gli altri o si curano per piacere agli altri o che fanno certe cose solo in compagnia degli altri.

Ho imparato, nella mia *solitarietà*, l'importanza di coccolarmi esattamente come mi piacerebbe che facesse un uomo al nostro primo appuntamento. Ho imparato a vestirmi, pettinarmi, curare il mio fisico e la mia pelle per me e a prescindere da se dovrò incontrare qualcuno o meno, ma solo se e quando mi va. Ho imparato a concedermi una serata romantica con birra al tramonto sul tetto del camper, o musica e candele mentre mi preparo una cenetta di pesce con tanto di bottiglia di vino bianco rigorosamente aperta per l'occasione. Ho imparato a invitarmi a pranzo o a fare una passeggiata al tramonto, a sedermi in riva al mare dopo avere corso con Spritz sulla sabbia bagnata. Ho imparato a ridere da sola e sorridere mentre mi dico che MI AMO, perché sono la persona più bella che potessi desiderare nella mia vita. E se qualcuno pensa che sono matta, lo farei entrare nella mia testa e nel mio cuore per capire cosa provo davvero quando penso che dovrei lasciare che tutto questo sia esclusivamente nelle mani di qualcun altro. E che questo qualcuno da un momento all'altro potrebbe decidere di togliermelo completamente.

Connettersi

Quando dico che sono "sola" sto mentendo e quando qualcuno viene definito "solo" in realtà chi lo fa non sta osservando bene. Nessuno è solo davvero se è realmente connesso a se stesso e all'universo (o a Dio per chi è cattolico). Il sole e la luna, il mare e le montagne, l'acqua e il vento, gli animali e le piante, l'alba e il tramonto… fa tutto parte di un grande insieme di energie connesse le une con le altre e con una chiara consapevolezza si può arrivare a divenirne parte. Una volta connessi all'universo e all'Amore universale, entriamo a far parte di un ecosistema perfetto in cui noi siamo una piccola parte di un qualcosa di immenso, un po' come una cellula umana che in realtà compone un individuo completo.

Una volta connessi all'universo,
l'Amore sarà dentro e intorno a noi

Non avremo bisogno di altro. Semplicemente, saremo pronti ad accogliere tutto.

Conoscere

Conoscersi e conoscere, due facce della stessa medaglia.

Conoscersi per conoscere, conoscere per conoscersi

Aprirsi alla conoscenza è solo il primo passo di un lungo cammino che può tenerci impegnati per tutta una vita, se una vita basta.

Come diceva Socrate, *"Più so e più so di non sapere"*. Chi crede di sapere già tutto non pensa, non si interroga, non indaga. Ma per fare tutto questo ci vuole tempo: più indaghi e più ti interroghi e più vuoi sapere, ma per sapere bisogna scoprire, con calma, e la scoperta ha bisogno di tempo, tanto. Solo chi ha voglia di sapere è curioso di scoprire, di leggere, di studiare e di imparare sempre nuove cose. E il tempo per fare tutto questo potrebbe non bastarmi mai. Ecco perché amo ritagliarmi tanto tempo per stare da sola!

Condividere

"La felicità è reale solo se condivisa". Condivido in pieno questa frase tratta dal film "Into the wild", film che tra l'altro mi ha dato l'ennesima conferma di come volevo vivere davvero.

Ognuno l'ha interpretata e continua a interpretarla a modo suo, ma, non essendo col protagonista nel momento della sua morte, nessuno (io compresa) può davvero sapere con quale spirito l'abbia scritta.

Però c'è una cosa che credo fortemente ed è che possiamo condividere qualcosa di noi e la nostra felicità con chiunque, anche se non fa parte della nostra quotidianità, dove poi in effetti torniamo ad essere soli. Io, da viaggiatrice solitaria come il protagonista, suppongo che il protagonista volesse dire questo. Condividere un sorriso con uno sconosciuto, condividere l'Amore con Madre Natura pulendo una spiaggia o salvando una lumaca dal bordo della strada. Ogni piccolo gesto d'Amore che condivideremo col mondo potrà renderci felici esattamente come lo farebbe dare un regalo a un parente o passare del tempo con un amico. Fare una carezza ad un cagnolino incontrato per strada, giocare con un bambino conosciuto in spiaggia, preparare un pasto per un senzatetto, può renderci felici esattamente come se fosse per nostro figlio, per il nostro cane, per un nostro parente o amico.

Basta togliere l'aggettivo possessivo e capiremo che

Tutto può essere "nostro"

… se decidiamo di condividere con esso anche solo una piccola parte di noi.

Ci hanno, inoltre, insegnato che la condivisione può avvenire solo tra esseri viventi a stretto contatto l'uno con l'altro. Io, invece, credo fortemente che si possa condividere qualcosa di noi senza che sia per forza indirizzato a qualcuno che si trova al nostro fianco, o almeno mentre lo si crea. Scrivere un libro o una canzone, editare un video, dedicarsi al volontariato, donare il sangue o decidere di donare gli organi, sono tutte forme di condivisione che possiamo fare senza sapere a chi andranno rivolte prima di attuarle. È o non è tutto questo una forma di condivisione?

Credere

Crederci, credere nei sei punti precedenti, credere in se stessi e credere che non ci manca niente per essere felici. Senza la fiducia in noi stessi e un sano amor proprio non esiste pace interiore perché saremo sempre alla ricerca di qualcosa o qualcuno che possa darci ciò di cui abbiamo bisogno. È importante lavorare sodo per essere autonomi e indipendenti, così da avere tutti gli strumenti per provvedere noi stessi alla realizzazione dei nostri desideri.

Renderci indipendenti nel costruire la nostra forza e di conseguenza la nostra autostima, non vuol dire non volere nessuno accanto, ma semplicemente non affidare a nessuno la responsabilità di renderci felici, equilibrati e sicuri di noi. Crederci e lavorare sodo non è semplice, ma a piccoli passi tutto è possibile.

Io credo più che mai in queste sette C di questa *solitarietà* che non mi fa mai sentire sola perché io non sono mai veramente sola. E, ben presto, anche Mario capirà la ricchezza della *solitarietà*.

Gli rispondo dicendo che ci sentiremo presto e che lo aiuterò a fare chiarezza e ad intraprendere un lavoro su se stesso, esattamente come ho fatto io quando la solitudine ancora un po' mi spaventava.

Viaggiare in solitaria mi ha insegnato ad ampliare i miei orizzonti e conoscere culture diverse, fondendomi realmente con esse, permettendomi di conoscere persone del posto, sapori, colori e tutte quelle sfumature che soltanto quando sei solo riesci davvero a cogliere. Paradossalmente tutto questo mi obbliga a cercare radici in ogni posto in cui vado, in un luogo, in una persona o in un gruppo di persone che, come me, hanno voglia di condividere. E di conseguenza, se voglio sono sempre in compagnia. Ma, soprattutto, viaggiare sola mi ha fatto conoscere profondamente me stessa, scoprendo in "lei" la migliore compagna di viaggio che potessi desiderare.

Nessuno ci può giudicare

Finalmente sono fuori dalla clinica veterinaria. Mi sembra di aver passato un secolo lontano dal contatto con la natura e l'aria aperta, e anche Spritz stava iniziando a farmi notare che non ne poteva più. Riconosco subito nei suoi occhi la voglia di esplorazione e il desiderio di conoscere nuovi luoghi e persone.

Da quando abito in camper, vivo alcune situazioni sociali come centri commerciali, ospedali, feste di paese troppo caotiche, discoteche e luoghi troppo affollati come un vero e proprio trauma. A volte immagino di guardarmi dall'esterno e mi rivedo nella protagonista di "Mia moglie è una bestia".

Nel cammino verso casa cerco di immedesimarmi nella testa della gente che incontro e che, da come corre veloce, immagino esca dal lavoro e vada all'istituto per recuperare i bambini. Cerco di intrufolarmi nei loro pensieri. Sono tutti a testa bassa, concentrati sui loro cellulari. Chissà cosa cercano davvero. In quegli istanti rivedo me quando devo farlo per forza e penso che a volte, se non fosse per il mio lavoro, lascerei il mio direttamente in camper. Ripenso per un attimo a come facevamo da piccoli senza Google Maps, WhatsApp e social vari, e ancora non posso credere che tutto questo sia diventato realtà.

Mi fermo davanti a una vetrina e noto un cappotto che, non so perché, ma improvvisamente mi fa venire nostalgia della mia famiglia, forse quella spilla sulla mantella di lana mi fa pensare a mia nonna. Il suo fisico non è più quello di un tempo e di fare uno dei nostri viaggi in camper adesso proprio non se ne parla. La nostalgia delle ultime vacanze insieme mi assale, ma allo stesso tempo mi regala un dolcissimo sorriso sulle labbra. Le mando quindi un bacio col pensiero e torno nel mio "qui e ora". Spritz sembra capire anche questa volta il mio stato d'animo e cerca di riportarmi alla realtà. La sua sensibilità ormai quasi non mi stupisce più! Questo, unito al suo senso di libertà, corrisponde in tutto e per tutto al mio temperamento. Se non avesse così tanti peli potrei tranquillamente dire di averlo partorito io!

Di lì a poco avremo l'occasione di rilassarci, ma c'è ancora un tratto di strada da fare per arrivare al camper e lo passerò un po' a riflettere e un po' a meditare. Se avessi preso il mio scooter, sempre pronto ad essere messo in moto in caso di emergenze o spostamenti più importanti da fare, avrei perso l'occasione per fare tutto ciò!

Alterno momenti in cui mi soffermo ad osservare gli scorci che compaiono dietro i cespugli una volta superati, a momenti in cui gioco a indovinare cosa troverò dietro un angolo una volta svoltato. In men che non si dica mi ritrovo a casa, ma Spritz adocchia da lontano un cagnolino poco più grande di lui e non perde occasione per corrergli incontro. Più che verso il cane sembra dirigersi al suo solito verso il padrone, un ragazzo davvero carino che, a prima vista, avrà sui trent'anni. Come frequentemente accade, finiamo così facilmente a fare due chiacchiere che potrebbe tranquillamente sembrare che io abbia addestrato Spritz a tale scopo! Tra un racconto e l'altro scopro che io e Paco abbiamo diverse cose in comune: fa kitesurf, è un nomade digitale e anche a lui piace ballare. A tal proposito, mi dice che proprio fra qualche giorno ci sarà una serata di musica folk in un ecovillaggio non troppo lontano… Ho sempre sognato di andare a passare un paio di giorni in un ecovillaggio e, come spesso ormai capita "per caso" nella mia vita, mi si è appena presentata l'occasione di farlo. Perciò non perdo tempo e gli chiedo più informazioni riguardo la possibilità di arrivare e alloggiare in camper con un cane e gli eventuali costi. La risposta mi fa fare letteralmente i salti di gioia: "Non c'è nessun problema! Se vuoi venire, puoi alloggiare gratuitamente in cambio di qualche ora di volontariato al giorno". Come rifiutare questa fantastica offerta? Già non vedo l'ora che arrivi quel giorno per poter vivere un'esperienza che sicuramente rimarrà impressa dentro me per sempre e il fatto di poter fare volontariato mi permetterà di viverla davvero profondamente. Dunque, non posso far altro: accetto sorridendo!

Corro in camper tutta eccitata per la nuova esperienza che mi aspetta tra meno di una settimana ed ecco che squilla il cellulare. Una videochiamata inaspettata da parte di un mio amico di Milano che non sento da tempo. Non amo chiacchierare al telefono del più e del meno e i miei amici sono abituati al mio modo di esserci praticamente solo quando vado a trovarli o quando abbiamo veramente bisogno l'uno degli altri, ma lui non lo sento da tempo, quindi rispondo in fretta. Dopo i saluti iniziali, gli racconto della fantastica proposta che ho appena ricevuto.

"Passerò qualche notte in un ecovillaggio, dove potrò soggiornare gratis in cambio di qualche attività di volontariato insieme agli altri membri della comunità! Era da tempo che sognavo di poterlo fare!"

Aspetto la sua risposta, una qualche minima espressione di gioia, ma non arriva. Così continuo col mio fantasticare su questa esperienza. Sembra molto meravigliato, le folte sopracciglia bionde si inarcano leggermente e gli occhi azzurri iniziano a muoversi rapidamente da sinistra verso destra mentre ascolta le mie parole. In quel preciso istante, noto un leggero sorrisino sulle sue labbra e mi rendo conto che forse sta pensando che sia uno scherzo. Non tardo a rassicurarlo che quello che gli sto dicendo non è nient'altro che la verità. Noto che vorrebbe dirmi qualcosa ma si sta trattenendo, così lo esorto a farlo: "Scusami ma... a cosa stai pensando?"

Dopo un paio di balbettii qua e là, trova il coraggio di dirmi ciò che pensa: "Daniela, se vuoi provare questa esperienza, fallo pure, ma è meglio che tu lo tenga nascosto sui social. Sai com'è... la gente può pensare che stai diventando una zingara e già il tuo vivere in camper non aiuta. E poi tu sei troppo figa per quei fricchettoni!"

Rimango un attimo in silenzio tra me e me...

Un attimo che sembra durare un'eternità

È tutto così terribilmente triste. La sua espressione è quasi irrigidita e il suo sorriso solare, incorniciato da due occhioni sempre molto espressivi, improvvisamente perde vigore e si trasforma quasi in uno strano ghigno.

Istintivamente sento come se dovessi trovare una scusa per

chiudere la telefonata con quella persona che si è rivelata per me bigotta e con la mente dell'apertura della serratura della porta del mio camper, ma mi trattengo. Avevo giurato a me stessa che avrei allontanato tutte quelle persone che avrebbero provato a giudicarmi e anche solo lontanamente a farmi sentire sbagliata o a distogliermi dai miei sogni per puro spirito di negatività.

Devo ammettere che mi era già capitato altre volte di vivere situazioni in cui chi avevo di fronte mi guardava dall'alto verso il basso come se detenesse il decalogo della persona perfetta e me lo sbandierasse dall'alto del suo palchetto sul quale si era erto. Mi sento così delusa che quasi non riesco ad ammettere a me stessa la realtà delle parole che ho appena sentito. Come si può emettere un verdetto così rigido e offensivo su persone che non si sono nemmeno mai viste? Solo per ciò che fanno o dove vivono sono etichettate in un modo piuttosto che un altro. Decidere di vivere con poco vuol dire per caso essere scansafatiche o nullafacenti? Non tutti ci muoviamo sulla base delle stesse motivazioni e non tutti abbiamo una ragione per fare o non fare qualcosa. Ho sempre pensato che in qualche modo le cose materiali non mi avrebbero portato alla felicità e di certo non condurrò una vita fatta di titoli appesi al muro (nonostante ne abbia diversi), lavoro, carriera, soldi e oggetti pur di omologarmi alla massa e per questo poter essere etichettata come giusta o sbagliata.

Ricordo ancora quando, dal gioco al sogno, mi ritrovavo a competere coi ballerini più bravi d'Italia durante i vari campionati o a esibirmi sul palcoscenico accanto ai ballerini più forti del mondo. Ricordo gli sguardi puntati addosso di migliaia di persone, le luci e il fumo che cercavo di usare come filtro per non far trapelare quello stato di agitazione che mi accompagnava fin quando non iniziava la musica. Ricordo l'ultimo grande sospiro prima che partisse la musica. Il trucco glitterato abbinato alle centinaia di strass su scarpe e vestiti e i capelli calcificati dalla lacca mimetizzavano il luccichio dei miei occhi, ma l'energia che emanavo da ogni poro della mia pelle sono sicura che arrivasse oltre l'ultima fila. Sembrava infinito il tempo lassù, mentre in realtà si trattava di poche decine di secondi, mai più di cinque minuti. Quando la musica di colpo svaniva mi ritrovavo travolta da applausi, urla e, in caso di competizioni, sempre ricoperta di medaglie.

Tornavo a casa tra una lezione, un allenamento, una serata e l'altra e aprivo i libri fino a notte fonda, poi poche ore di sonno mi separavano dalle lezioni mattutine all'università, dove eccellevo per voti e dedizione. Sarei diventata la Dottoressa De Girolamo! Laurea, titoli, prestigio…

Ero ancora troppo giovane per capire

Del resto, però, quelle ambizioni, quei sogni della piccola bambina di sei anni che costrinse i suoi nonni a pagarle la scuola di ballo, sono stati la mia salvezza. Passai dal salotto di casa alla sala della scuola di ballo in men che non si dica. Quando ballavo riuscivo ad esprimere al massimo il mio entusiasmo e lo facevo sia per me stessa che per gli altri, anche se chi realmente volevo che ci fosse non c'era praticamente mai. Mi sentivo così libera quando ascoltavo la musica che pervadeva il mio corpo. Sì, perché quando balli sei così concentrata su ogni singolo muscolo del tuo corpo che tutto il resto svanisce… anche quelle cose che nessun bambino dovrebbe mai subire e che io, invece, ho vissuto. Quelle cose che hanno reso la mia crescita, fino alla tarda adolescenza, un vero incubo.

Tutt'ora potrei definire la danza il mio rifugio felice, quel luogo in cui riesco da sempre ad allontanare tutto quello che non mi fa stare bene. La mia psicoterapeuta un giorno mi ha detto: "Cara, se non fosse stato per la danza, per la tua grande intelligenza emotiva e per i mesi estivi passati in campeggio coi nonni, a causa dei tuoi traumi infantili adesso staresti facendo i conti con disturbi importanti di personalità, gravi disturbi alimentari o con la tossicodipendenza!"

In molti mi chiedono spesso come faccio a sventolare al mondo una cosa così personale, senza paura del giudizio altrui. La risposta è semplice: la paura del giudizio degli altri è uno dei pilastri negativi che ho deciso di abbattere per costruire le basi della mia nuova vita, quella per cui tutti oggi mi dicono "Beata te!"

Tutti quelli che mi dicono "Beata te che puoi fare il lavoro che ami" forse non sanno cosa si nasconde dietro ciò che vedono. Quanti anni di sofferenze e profonde cicatrici ci sono sulla mia pelle. Non conoscono il dolore delle vesciche ai miei piedi per le infinite ore di prove e allenamenti. Vorrei far ripercorrere loro gli stessi passi che ho fatto io da quando son nata. Vorrei che indossassero i miei panni, giorno per giorno, per più di trent'anni di fila.

Non esiste nessuno di beato

Non esiste nessun lavoro semplice e nessun titolo che renda una persona migliore di un'altra. Come non è vero che dallo psicologo ci vanno i "pazzi", anzi, spesso ci vanno proprio le persone più sensibili. È necessario imparare a non idealizzare o criticare gli altri prima ancora di conoscerli davvero.

Adesso quei piedi non sono più coperti di vesciche, ma portano ancora addosso il dolore provato tutti quegli anni. O meglio... quel dolore è svanito da un po', ma è rimasta la cicatrice. E riesco a vederla persino in questo istante, con le scarpe ai piedi.

Non ho mai permesso al giudizio degli altri di rovinarmi la vita e non permetterò al giudizio del mio amico di rovinarmi la giornata, spegnendo quel fantastico sorriso nato alla sola idea di vivere una nuova esperienza di vita che pochi hanno il coraggio di affrontare. Smaltito, quindi, il dispiacere che mi dà la consapevolezza che ormai viviamo in un mondo fatto quasi totalmente di apparenze, decido con fierezza: non solo andrò a fare quella tanto desiderata esperienza al villaggio, ma lo dirò al mondo intero, a gran voce. Momenti unici mi attendono!

Non passerò semplicemente dei giorni indimenticabili facendo i lavori più umili del pianeta, come il contadino e il falegname, insieme a tutte quelle attività che nessuno vorrebbe mai fare come pulire i bagni, gestire il letame, spostare legna e ciottoli, scavare fosse, guidare un van arrugginito e lavare montagne di piatti, ma mi divertirò un mondo e imparerò ad essere felice con meno di poco. E se la mia umiltà, vivendo in camper, non ha ancora raggiunto livelli estremi, quell'esperienza mi ci porterà. Ne sono certa. Mangeremo quasi solo ciò che coltiveremo. Niente pesce, niente fiorentina, niente bollicine, vino solo in cartone, niente tacchi o vestiti eleganti, niente riscaldamento, niente maxischermi, niente gioielli e profumi costosi. Soprattutto, niente titoli e titoloni, nonostante il 90% di chi incontrerò sarà un nomade digitale e molto probabilmente sarà laureato e parlerà almeno tre lingue!

Di tutto questo, quel mio amico non può immaginare assolutamente nulla, ignaro di vivere seguendo gli schemi che ci impone questa società basata sul consumo, sulle scale gerarchiche nobiliari e su una serie di "norme implicite" secondo le quali se non sei laureato, sistemato e sposato con figli e se non possiedi una bella casa e una macchina di lusso, non sei nessuno. Poi, peggio ancora, a volte più hai meglio è. Come se l'esistenza fosse scandita oltre che da un ritmo biologico, dallo stesso spauracchio sociale che implica di seguire certe convenzioni e che ci vede tutti impegnati in una corsa disperata alla vetta. Per carità, non sto dicendo che sia sbagliato tutto questo. Sto solo dicendo che, se fatto con assoluta consapevolezza, profonda convinzione, forte desiderio e godendosi ogni sacrificio e ogni scalino raggiunto come una parte di un percorso voluto e sudato, tutto questo non può che essere nutrimento per l'anima. Ma se lo si deve fare solo o soprattutto per ricevere il bollino blu appena usciti dalla catena di montaggio tipo "Chiquita 10 e Lode"... allora no, io non ci sto!

Dovrei seguire il gregge per essere davvero accettata dalla società? Dovrei fare un bel pacchetto della mia essenza da riporre in un cassetto perché ormai ho un'età e devo mettere la testa a posto? O magari farmi una famiglia per raccogliere l'approvazione degli altri? Ah già, ma tanto quale uomo vorrebbe mai accanto a sé una donna che gira il mondo in camper e quale suocera vorrebbe mai per suo figlio una nomade che non si pettina la mattina e che invece di dargli dei nipotini, potrebbe portare il figlio a migliaia di chilometri dalle sue meravigliose polpette domenicali?

Come se mollare un posto fisso e andare incontro alla propria felicità, anche fosse solo vivere di lezioni di surf, di fotografie o del pesce che si pesca e si butta sulla brace, sia per forza sinonimo di vita da "fricchettone". Come se ci fosse scritto da qualche parte che se ami veramente qualcuno lo devi scrivere e firmare davanti a Dio e a quattro testimoni, perché urlarselo da una cima ad un'altra di una montagna non vale nulla. Come se prendersi cura di chi ami possa essere tradotto esclusivamente con "lavora duro per dargli una stabilità e un futuro perché altrimenti sei solo egoista".

Il cuore non sbaglia mai

C'era una cosa che avevo già capito prima di andare a vivere in camper ed è una delle tante che ho semplicemente rafforzato da quando ci vivo, ed è che... il cuore non sbaglia mai!

Mi era capitato un sacco di volte nella vita di sentire un profondo stato d'ansia, un nodo in gola, un peso sul cuore che a volte mi toglieva il respiro fino a farmi sentire paralizzata a livello mentale, fisico ed energetico.

Mi chiedevo cosa potesse essere così grande e forte da riuscire a impossessarsi di me, della mia vita, delle mie scelte. Mi chiedevo cosa potesse essere così forte da riuscire a prendere il sopravvento su di me e sul mio stato d'animo. Cosa poteva essere così forte da condizionarmi al punto di sentirmi paralizzata, inetta, perduta? Capii presto che non era altro che l'altra me

La mia vocina interiore, il mio diavoletto

Cos'altro effettivamente poteva essere più forte di me, se non la stessa me? Ma cos'è questa vocina interiore in realtà e perché è così forte da superare spesso la voce del cuore e quella della ragione?

Anche stavolta trovai risposta grazie al mio percorso di crescita personale! I libri in cui mi imbattevo e in cui trovavo forte motivazione contribuirono a fare chiarezza dentro di me. Nel frattempo continuavo il mio percorso di psicoterapia, che mi aiutava a superare i miei traumi e rafforzare l'autostima che era stata troppo spesso calpestata da eredi vari delle lacune lasciate da mio padre e dalla conseguente e crescente paura dell'abbandono.

Capii la complessità della parte incosciente di ognuno di noi, che non è altro che la parte che ci viene consegnata insieme allo zainetto con cui entriamo la prima volta all'asilo e che iniziamo a riempire man mano che ci relazioniamo con gli altri e ci specchiamo nelle loro passioni e nelle loro paure.

È quella vocina che non fa altro che dirci sempre l'esatto opposto di quello che proviamo in ogni singolo momento: siamo single e sogniamo una famiglia, abbiamo una famiglia e invidiamo chi è libero e spensierato. Come se fossimo programmati per soffrire. Ma programmati da chi? Chi vuole tutto questo? Gli altri! Ecco la risposta!

No, non sto dicendo che tutto il mondo è cattivo e nemmeno che sono tutti uguali là fuori. Anzi, la maggior parte delle persone che fa questo, non solo nemmeno se ne rende conto, ma spesso fa proprio parte della cerchia di persone che più ci amano. Vedere la sofferenza che spesso c'è tra le pareti domestiche, involontariamente e inconsciamente, installa in noi l'informazione che la vita matrimoniale fa schifo ed è una cosa da ripudiare con ogni parte di noi stessi. Altre volte, invece, è sempre un nostro caro che installa in noi il rifiuto della solitudine con frasi tipo "devi farti una famiglia perché altrimenti rimarrai da solo a vita"… come se poi non si possa rimanere comunque soli o vedovi a sessantacinque anni! Altre volte invece quella voce arriva in maniera cosciente e maligna da persone che ci invidiano o che ci vogliono tutte per loro, da narcisisti che vogliono circuirci e isolarci per trarre per loro tutta la nostra energia.

Scommetto che chiunque, almeno una volta nella vita, è stato definito matto perché tanto "non ce la farai mai perché non sei abbastanza". Oppure, si è sentito etichettare una propria idea come sbagliata, strampalata, egoista, da fricchettoni, da fuori di testa e chi più ne ha più ne metta. Sono tutte forme di manipolazione, coscienti o meno che siano. Tutte vocine esterne che piano piano riempiono quello zainetto, dapprima vuoto, di paure e angosce. Ed è così che rimaniamo soli con noi stessi, con le nostre due voci interiori, chiamate comunemente testa e cuore, a violentarci quotidianamente in una lotta infinita tra cosa vogliamo e cosa è giusto. Ma giusto per chi?

Mentre penso a tutto questo, Spritz mi interrompe con un abbaio stridulo. Mi punta col suo sguardo segreto ed io capisco che vuole salire sulle mie gambe per un momento di coccole spassionate. Appena riceve il mio consenso, si avvicina al mio petto. Lui capisce tutto ed è davvero sempre attento a qualsiasi micro alterazione vibrazionale. È incredibile come possa vedere e sentire in modo amplificato le cose rispetto ai miei simili. Lui non mi giudica mai e neanche capisce la differenza tra una casa di trecento metri quadri con piscina e un camper, se tanto il suo metro quadro preferito è quello più vicino possibile a me, o tra un congiuntivo giusto o sbagliato, se tanto ciò che davvero gli importa è che io gli parli con amore.

Quando ho adottato Spritz pensavo di avere cambiato la sua vita e sapevo che in qualche modo lui avrebbe cambiato la mia, ma quello che non sapevo era a quale strato di profondità sarebbe potuto arrivare senza mai dire una parola e senza mai avere l'intenzione di cambiarmi. È forse questo l'unico modo di "cambiare" davvero qualcosa o qualcuno: accettando. Accettare le cose come stanno e le persone per quello che sono, senza giudicare, farà sì che cambino automaticamente, quasi come per magia. Lui ha anche rafforzato in me l'importanza di non giudicare mai le persone per ciò che fanno della loro vita, soprattutto dalle apparenze o da ciò che ostentano. Mi ha accettata per quella che sono e mi ha insegnato a fare altrettanto con me stessa, confermandomi che non ho bisogno di piacere agli altri e ancor di più a tutti. Mi ha permesso di specchiarmi nei suoi occhi e di perdermi per poi ritrovarmi. D'altronde è proprio così:

A volte serve perdersi per ritrovarsi

Serve scovare nel giudizio degli altri le nostre stesse paure, e da lì ripartire per costruire la nostra vera autostima. Ecco a cosa deve servire ciò che pensano gli altri di noi: a capire cosa ci turba. Nient'altro! Perché, che si voglia credere oppure no, a nessuno importa davvero chi siamo o cosa facciamo. Spesso stare a guardare cosa fanno gli altri e giudicare le vite altrui è solo un modo come un altro per distrarsi da ciò che si ha dentro, dai nostri mostri e dal grosso lavoro che abbiamo da fare ogni giorno per diventare unicamente la migliore versione di noi stessi.

Ho capito davvero l'importanza di vivere esclusivamente secondo le mie necessità e le mie priorità, senza preoccuparmi di essere accettata o meno se non dalla mia coscienza, perché è l'unica a cui, alla fine di questo percorso da cui nessuno esce vivo, dovrò rendere davvero conto. Anche perché più volte nella vita ho già avuto riscontro del fatto che qualunque cosa fai non sarà mai approvata da tutti. Dunque, non rinuncerò a nessuna mia richiesta e a nessuna mia esigenza, a costo di non piacere a nessuno che non sia io.

La paura di fallire

Un languorino mi ricorda che ancora non ho mangiato nulla e che probabilmente è arrivata l'ora del pranzo. Forse è un po' presto rispetto all'orario del pranzo in Spagna ed è anche un po' troppo tardi rispetto a quello in Italia. Ormai mi è chiaro che in camper c'è un fuso orario unico al mondo, o almeno a bordo del mio. Quindi faccio decidere al mio brontolio… è arrivata l'ora di preparare qualcosa! Apro il frigo in cerca di un buon compromesso tra la mia radicata natura carnivora e la mia volontà di diventare vegana. Che casino! Come si fa ad avviare un percorso di avvicinamento al 100% vegan nonostante tutta la serie di limiti che ho: fisici, logistici e mentali? Soprattutto se il più forte di tutti è che non mi piacciono quasi per niente le verdure?

Devo ammettere che mi sono spesso letteralmente violentata psicologicamente con mille sensi di colpa tra cui "Come faccio a dire che amo gli animali se poi continuo a mangiarli?!", o paure come "E se poi non dovessi farcela a diventare 100% vegana?"

Ho provato profondo malessere quando ho iniziato a vedere la realtà di come vivono gli animali negli allevamenti intensivi e mi sono frustrata a morte coi miei tormenti interiori. Ho anche provato a smettere di colpo e a sforzarmi di mangiare solo verdure. Le buttavo giù con un bel bicchiere d'acqua, in vero stile terapia farmacologica.

Ho passato giorni in cui pur di non mangiare carne, pesce e derivati ho dovuto fare digiuno perché non avevo e non volevo alternative. Ho avuto incubi durante la notte e stati d'ansia durante il giorno. Stavo male e non vedevo via d'uscita. Decisi allora di attuare la mia strategia ormai vincente anche in questa occasione:

Spegnere la mente e
lasciarmi trasportare dal mio buon senso

Sapevo che l'illuminazione non avrebbe tardato molto ad arrivare… e così è stato! Un giorno ho preparato, senza programmarlo, un ottimo purè di patate con latte di soia. Era da anni che avevo già deciso di sostituire il latte vaccino con quello vegetale ed era accaduto in maniera così naturale che non ricordo nemmeno se il motivo fosse solo per evitare inutili sofferenze alle mucche. Quel giorno, mentre aggiungevo il tocco di margarina, all'improvviso arrivò il colpo di genio: avevo appena preparato, senza nemmeno pensarci, un piatto 100% vegano! Allora iniziai a fare lo stesso ragionamento per molte altre ricette e così iniziai a sostituire, senza grossi sacrifici, ingredienti di origine animale con loro simili di origine vegetale. Poi iniziai a cercare di acquistare solo uova dal contadino o da amici che avevano galline. Al supermercato compravo uova di allevamento da terra. La carne decisi che sarebbe stata ridotta drasticamente e comunque acquistata solo in macellerie di zona e possibilmente a km 0. Avrei ovviamente iniziato ad eliminare tutto ciò che finiva con "ini" come vitellini, maialini, agnellini anche per una sorta di coerenza col mio amare i cuccioli di cani, gatti e soprattutto umani. Il pesce lo avrei comprato, quando possibile, al porto o al mercato. E così via. Tanti piccoli cambiamenti entravano in punta di piedi nella mia routine gastronomica senza che quasi me ne accorgessi. Avevo trovato il modo di fare un percorso, sicuramente più lento ma molto probabilmente irreversibile. Iniziai a leggere e a documentarmi ed aprivo così sempre di più la mente, rendendomi conto di quanto fossi stata ignorante fino a quel momento. Poi, un giorno pranzai con Marzia, mia cliente di consulenze poi diventata amica, vegana che vive in camper. Preparò straccetti di soia che avevano l'aspetto di veri straccetti di pollo e decisi di provarli. Non ci potevo credere, sembrava pollo vero! Quanti problemi inutili mi ero fatta e quanto tempo avevo perso prima di capire che:

- I vegani e i vegetariani non mangiano solo verdure.
- Meglio fare piccoli passi alla volta piuttosto che aspettare di fare un grande passo, che molto probabilmente non arriverà mai!
- Non abbiamo bisogno di etichette.

Il coraggio di cambiare

Sarei diventata vegana o vegetariana, o un mix di entrambe e nemmeno al 100%. Avrei fatto i passi che sentivo di fare naturalmente senza per questo sentirmi una fallita. L'importante è andare dritti in una direzione, con profonda consapevolezza.

Il primo passo non ti porta dove vuoi arrivare
ma ti toglie da dove sei

Ecco, penso che, più che la paura del giudizio degli altri, a volte la paura più grande che ci può frenare è la paura del giudizio di noi stessi. O meglio la paura di fallire! Infatti, spesso siamo proprio noi i nostri peggiori nemici o meglio…

Il vero nemico non è il fallimento in sé
ma la paura che questo avvenga

Spesso ho sentito dire ad alcune persone: "Piacerebbe anche a me andare a vivere in camper, ma se poi non riesco?"

Se poi non riesci, ci hai provato! Hai imparato qualcosa, hai fatto belle esperienze, conosciuto persone, scoperto posti. Io dico sempre che "male che vada torni più ricco di prima"! Anche perché, chi ha detto che andare a vivere in camper vuol dire per forza girare il mondo come faccio io, spostandosi anche ogni due o tre giorni? Chi dice che devi passare da un confine a un altro ogni sei mesi? Non è mica una gara a chi colleziona più bandiere! Idem per chi va a vivere in camper da stanziale o chi lavora solo sei mesi l'anno e gira il mondo durante gli altri sei.

Non esistono regole, non esistono etichette e non esistono limiti, se non quelli che noi stessi ci raccontiamo. Non c'è un solo modo di andare a vivere in camper, come non c'è un solo modo di cambiare vita o di diventare vegani o buddisti. Non c'è una percentuale minima per essere o non essere qualcosa e non c'è una scadenza oltre la quale non possiamo andare.

Non esiste solo il bianco o il nero

Qualcuno ce la farà prima di altri perché è più predisposto o più forte, o semplicemente è più motivato. Altri avranno bisogno di più tempo, di procedere a piccoli passi o di scendere a compromessi. Oppure a qualcun altro potrà capitare di dover fare più tentativi a distanza di tempo o di rischiare di tornare "a casa" al primo tremore di gambe.

Io stessa feci un primo tentativo ben un anno prima di andare a vivere in camper. Avevo anche già trovato una possibilità di lavoro a Livorno, dove già avevo vissuto, avevo amici e avevo anche un posto sicuro dove fare sosta libera. Avrei iniziato a settembre, ma già il 20 agosto 2017 lasciai Reggio Calabria per approfittare di viaggiare un po'. Ricordo che il telefono non smetteva di squillare: amici, parenti, colleghi e allievi continuavano a ripetermi quanto sentissero la mia mancanza. Sì, è vero che forse la prima a non essere del tutto sicura ero proprio io, ma fu così che mi convinsi, o meglio mi convinsero, che stavo solo fantasticando. O quantomeno un dubbio me lo misero, tanto che decisi di tornare per darmi e dare alla mia vita costruita con tanti sacrifici, un'altra possibilità.

Ma era davvero solo questo o forse era anche un po' paura la mia?

Tutt'ora non saprei dare una risposta esatta, credo più la prima o un po' entrambe le cose, ma ad ogni modo non aveva alcuna importanza. Non mi sentivo una fallita, anzi, sentivo che era una tappa necessaria per quello che avrebbe dovuto essere il mio percorso. Senza quella tappa non avrei avuto modo di sperimentare la gioia infinita provata durante quel mese in giro da sola. Mentre il malessere che provavo dal momento in cui ero tornata e avevo preso impegni per i successivi nove mesi, mi avrebbe dato la spinta necessaria per ripartire a giugno senza stavolta guardarmi indietro. Ma, ovviamente, tra il dire e il fare c'è di mezzo il mare e a giugno ben due eventi molto spiacevoli mi fecero ritardare la partenza, che stavolta sarebbe stata senza ritorno. Una tra queste la frattura della caviglia di mia mamma, con conseguenti operazioni e recuperi vari. Non l'avrei certo lasciata sola in quella situazione, anzi, avrei aspettato che si rimettesse in sesto.

Arrivò il 21 settembre 2018, in cui alle ore 18.00 finalmente mettevo in moto il mio camper per avviarmi verso il mio sogno. Ricordo perfettamente la sensazione di "che caxxo sto facendo di nuovo?", letteralmente svanita per lasciare il posto a chili di adrenalina appena tre secondi dopo aver girato la chiave. Un po' come quando ti prepari per saltare da uno scoglio o ti lanci col paracadute. Mentre sei in volo la prima cosa che pensi è "ma perché non l'ho fatto prima?". Feci tutto il viaggio no stop fino ad Ostuni, per trovare la mia amica Lai, sessantenne girovaga solitaria. Il nostro primo pranzo fu sedute su uno scoglio in riva al mare, mentre gustavamo un panino con la mortadella pagato circa un euro e cinquanta. Ero la persona più ricca del mondo. Tra una chiacchiera e l'altra organizzavamo i nostri futuri incontri in camper. Saremmo riuscite a farne però solo un altro a causa di un triste destino che l'ha portata via.

Ero felice, serena e piena di energie, ma un giorno bastò poco per tentennare nuovamente. Mi trovavo a Montefalco, uno splendido borgo Umbro, in una bellissima area di sosta per camper gratuita e, dopo un lungo giro in bici e una passeggiata al tramonto con Spritz, qualcosa catturò la mia attenzione e mi diede un po' da riflettere. Tutto d'un tratto sentii un brivido lungo la schiena e il mio sguardo si congeló addosso a una bellissima coppia sulla settantina: erano entrambi seduti su una sdraio, l'uno accanto all'altra, a guardare il tramonto. Sembrava di vedere la scena di uno di quei film strappalacrime. Erano stupendi! Come se non bastasse, arrivò il colpo di grazia quando lui tornò dentro al camper e dopo pochi istanti uscì con due tazze grigie belle fumanti. Immagino fossero una tisana rilassante per lei e una digestiva per lui. La mia mente iniziò a volare qua e là, passando da un futuro lontano a uno non troppo remoto, cercando di capire come sarebbe stato possibile per me trovare un compagno di viaggio se mi fossi spostata ogni tre giorni. Effettivamente non me lo ero posto questo "problema" prima di partire.

Ero ancora alle prime armi con il mio "qui e ora" e, nonostante fossi migliorata tanto già prima di andare a vivere in camper, quel cambio vita, quasi radicale e per giunta in solitaria, mi stava iniziando a mettere davvero a dura prova. O almeno forse stavo affrontando la prova più dura fino a quel momento. Non sapevo più cosa stessi facendo e perché. Soprattutto, nonostante amassi la mia *solitarietà*, immaginarmi una vita senza un compagno mi stava mettendo un po' di tristezza.

Decisi di tornare in camper a fare meditazione e, perché no, con una bella tisana autopreparata che fa un po' "non ho bisogno di nessuno", musichetta e candelina, in mezz'oretta ero come nuova. Presentissima nel mio camperino, con il mio amato compagno di viaggio e una vista mozzafiato. Avevo tutto ciò di cui avevo bisogno.

Insieme alla tisana decisi di sgranocchiare un biscottino della fortuna che mi aveva regalato il mio grande amico Stefano, venuto a trovarmi da Cassino pochi giorni prima. Quando lo aprii non potevo credere ai miei occhi. Il bigliettino al suo interno era inequivocabile e, sapendo come poi si è evoluta la mia vita in camper, tutt'ora mi chiedo come facesse a prevedere il futuro così chiaramente.

Sono poche le cose che conservo dai viaggi perché cerco di non accumulare cianfrusaglie, ma questo lo tengo ancora ben custodito in un cassetto. Recitava:

Stai sulla strada per te destinata

Ridevo da sola e non solo per il messaggio del bigliettino a cui si può credere o meno, ma perché avevo appena superato una bella crisi, durata giusto il tempo di una tisana. Iniziavo ad essere cintura nera di "qui e ora" e sentivo che niente da quel momento avrebbe potuto fermarmi. Nemmeno il timore di rimanere da sola per i prossimi trentatrè anni. Anche perché, nemmeno nei miei trentatrè precedenti anni da semi stanziale avevo trovato la mia metà, mi dissi.

Stavo facendo piccoli passi ogni giorno, i passi giusti per la lunghezza del mio piede. Così come ognuno deve affrontare i propri percorsi coi passi che si sentirà di fare e nel momento in cui si sentirà pronto. Ovviamente è impensabile decidere di passare da uno stile di vita "normale", fatto di lavoro-casa-chiesa per quarant'anni, a una vita in viaggio in solitaria.

Grazie al mio lavoro, spesso vengo contattata da persone che vogliono cambiare totalmente vita e mi chiedono consigli. La prima domanda che faccio loro è se siano mai andati prima di quel giorno a fare shopping da soli o al mare da soli o se abbiano mai preso un aereo da soli. È ovvio che per queste persone non è possibile passare dall'oggi al domani da "Netflix sul divano" a "Globetrotter on the road". Il nostro cervello non ce lo permetterebbe perché è programmato per la sopravvivenza e tutto ciò che è fuori dalla nostra zona di comfort è incognito e l'incognito è il primo vero grande nemico da combattere. Da lì verrebbero ansie e frustrazioni così grandi che non farebbero altro che stroncarci le gambe prima ancora di essersi alzati dal divano per andare al ristorante da soli. Figuriamoci pensare di buttarsi da un precipizio nella speranza di spiccare il volo come avevo fatto io andando a vivere in camper.

Più volte mi è capitato di vedere, durante i miei viaggi, delle coppie di settant'anni e anche ultra ottantenni. E ammetto di essermi chiesta come avessero trovato la forza e il coraggio di farlo a quell'età. Poi, semplicemente parlando con loro, ho capito che quella è solo l'immagine di loro che noi vediamo oggi. Come se fosse un fermo immagine di un video lungo ottant'anni. Vediamo solo la parte finale e, come spesso accade, arriviamo alla conclusione più banale di tutte.

Io in primis. Tanto che a volte ironizzo dicendomi che chi ci ha programmati ha pensato proprio bene a far sì che ci autodistruggessimo dopo pochi anni di vita. Dopo i sei potrei stimare!

Perché non riusciamo mai a vedere la soluzione più semplice che spesso è addirittura la più stupida? Come avverrà per me, se dovessi arrivare a quell'età, che non sarò certo una nonnina analogica, di periferia, in vero stile grembiule e uncinetto, che si improvvisa il Marco Polo di turno! La gente che mi vedrà parcheggiare il camper (perché, anche se non vivrò più in camper, immagino comunque di possederne ancora uno con cui fare i miei giretti nei giorni liberi dall'ospizio!), vedrà una nonnina coraggiosa. La realtà sarà quella che vedrò io allo specchio quello stesso giorno, ovvero la stessa persona del giorno prima, semplicemente con un capello bianco, una rughetta o una macchia sulle mani in più.

Il domani che tanto ci spaventa
non è altro che un giorno in più rispetto a oggi

Con questa consapevolezza e serenità, mi metto a leggere uno dei libri che ho da un po' nel mio camper e che avevo messo in un angolino, in attesa di trovare il momento giusto per divorarmelo.

Imposto la sveglia tra un'oretta, così da non perdermi nelle pagine, dimenticandomi gli appuntamenti di oggi. E... via all'attacco!

Dall'altra parte della paura

Il vento inizia a soffiare forte, circa 25 nodi, e il cielo è d'un azzurro accecante. Non ci posso credere, mi ci scappa un'ora di kitesurf! Mi assicuro che Spritz abbia acqua a sufficienza e la sua copertina magica dal messaggio intrinseco "mamma tornerà anche stavolta". Accendo il condizionatore per assicurarmi che non abbia troppo caldo nella sua ciambella bordeaux abbinata ai cuscini e ricontrollo tutto quaranta volte perché voglio essere certa che abbia sempre la migliore esperienza possibile in mia assenza. Anche se amiamo andare insieme in spiaggia a fare il bagno e farci delle lunghe passeggiate tornando a casa stravolti, quando faccio sport, se posso, preferisco non portarlo perché so che muore di ansia vedendomi sfrecciare via verso il largo. Mi guarda con espressione da bambino abbandonato, come a volermi promettere che se lo porto con me non abbaierà quando entrerò in acqua. Ma sa già che non mi convincerà!

Infilo la muta fino alla vita, ci avvolgo il trapezio intorno, strofino sul viso lo stick allo zinco, prendo una manciata di mandorle e tiro giù mezzo litro di acqua. Dopo aver fatto tutto il mio rituale contro furti e intrusioni varie, ormai collaudato al 100%, prendo su il resto dell'attrezzatura e m'incammino velocemente verso la spiaggia. Devo ammettere che fuori è proprio una bella giornata! L'aria fresca mi ricorda l'autunno, la stagione che preferisco per i suoi colori e profumi e già ho deciso che al mio ritorno farò merenda proprio su questo prato, sdraiata sul mio telo da picnic. Ma ora voglio godermi il momento, facendomi accarezzare dal vento mentre gioco a inseguire i gabbiani sulle onde. Già in lontananza vedo altri kite in aria e cerco di riconoscere i miei vicini di camper.

Nonostante sia cresciuta in mare coi miei nonni, devo ammettere che mi fa sempre un certo effetto entrare in acqua. Sapere che mi scontro con qualcosa che è indiscutibilmente più grande e più forte di me, mi dà quel brivido e quell'adrenalina di chi si sente minuscolo davanti a tanta potenza. Saluto spettatori e spettatrici di turno, misti a qualche kiter ancora in preparazione, mentre da lontano sembra quasi che il vento si stia rafforzando. Forse è il caso di tornare a prendere il kite più piccolo, ma non faccio kitesurf da un po' e sono troppo eccitata. Entro in acqua con un po' d'insicurezza, quel poco che basta a farmi fare una cavolata allucinante dopo pochi secondi. Evidentemente non ho inserito il finger nel chicken loop perché alla prima manovra mi vola via la barra dalle mani, le linee si attorcigliano in aria e il kite cade lontano davanti a me. Mentre cerco di sbrogliare le linee faccio cenno col braccio ai colleghi, ma inizio già ad essere un po' fuori dalla zona di vento e nessuno riesce ad avvicinarsi abbastanza. Intanto che parte il gommone inizio a lottare con tutte le mie forze per arrivare il più vicino possibile al kite, così da effettuare una manovra di self rescue, ma inizio ad essere già molto stanca. Il cielo inizia a diventare sempre più cupo. Cerco di non agitarmi, ma sento che sto per perdere i sensi. Chiudo gli occhi per un attimo e vedo i miei nonni che mi guardano dall'alto sorridendomi. Non sento più il suono delle onde e credo di non sentire neppure più tanto freddo. Braccia e gambe non mi fanno più male e il respiro torna regolare quando all'improvviso inizio a bere molta acqua. Il cuore ricomincia a battere forte e io cerco di svegliarmi usando le poche forze che mi sono rimaste, quando sento un peso addosso e un odore molto strano. Provo ad allungare le mani e sento qualcosa di morbido. Sto per impazzire! Apro gli occhi di scatto e… vedo Spritz che, preoccupato, mi lecca la faccia!

Una vita in vacanza, una vecchia che balla, libertà e…

"Oddio: la sveglia!" grido, mentre mi strofino gli occhi, per lasciare subito spazio a un profondo respiro di sollievo nel rendermi conto che era solo un brutto sogno. Mi ero addormentata sul divano col libro spalmato in faccia! Mi metto seduta qualche secondo, mi stiracchio un po' e con molta calma indosso le mie morbide pantofole grigie. Con un passo e mezzo sono già davanti al piano cottura a preparare il caffè. Non è mia abitudine bere caffè a quest'ora, ma ho un sacco di cose da fare e, dopo questo riposino fuori programma, una botta di caffeina ci vuole proprio!

Il borbottio della moka fa rimbalzare nella mia testa il sogno appena fatto e in me per un attimo qualcosa si ferma. "Cos'è questa sensazione, Daniela?" Mi chiedo. Se non mi conoscessi, direi che sembra quasi PAURA. In effetti, nemmeno io sono immune alle vulnerabilità delle emozioni, anche se credo ormai di avere un fortissimo controllo su di esse. D'altronde una cosa è avere forte autostima e grande autocontrollo e un'altra è essere apatici. E quel sogno mi ha turbata un po'. Ho lavorato molto sulle mie paure, tanto che anni fa volevo tatuarmi addosso una frase che mi è venuta in mente ascoltando "Sin miedo a nada" (Senza alcuna paura) di Alex Ubago:

La mia più grande paura
è quella di vivere una vita piena di paure

Avevo circa vent'anni quando quella canzone segnò l'inizio del mio cambiamento, per il quale ho deciso che più una cosa mi terrorizzava più l'avrei affrontata. Masochismo? No, tutt'altro! Credo invece di poterlo chiamare Amore profondo per me stessa e per la mia vita, una vita che voglio vivere al massimo per renderle il giusto onore.

Ne sono passati quasi venti di anni e ancora oggi non smetto mai di accettare nuove sfide nonostante potrebbero bastarmi quelle già vinte. Non smetto mai di imparare qualcosa di nuovo o perfezionare ciò che già so, nonostante forse sappia farne già abbastanza. Non smetto mai di perdermi per nuovi percorsi, invece di ripercorrere quelli che già conosco. Come quando ho deciso che avrei volato col parapendio per vincere la paura delle altezze. Non solo ha funzionato, ma lo rifarei volentieri. Credo fortemente nel bisogno di nuovi stimoli per l'anima e so che questi passano anche attraverso quelle che una volta erano le mie paure. Paura di fallire, paura di sbagliare, paura del giudizio degli altri, paura della solitudine, del futuro e della morte. Ho deciso che avrei dato un nome ai miei nemici e li avrei guardati in faccia. E, si sa

Quando inizi a conoscere qualcosa,
in quello stesso istante, ti fa già meno paura

Non avrei passato la mia intera esistenza a vivere la vita degli altri, mentre tra una paura e l'altra rimandavo la mia, perché, in fondo, dovremmo smettere di sentire la terra tremare sotto i piedi solo quando saremo morti e non quando siamo ancora in vita. In quell'istante il sipario calerà inesorabilmente, senza preavviso. E sono convinta che in quegli ultimi attimi veramente ci passi tutta la vita davanti. Immagino spesso quel momento e non ho nessunissima paura. Anzi, mi si stampa in faccia un bellissimo sorriso. Lo stesso col quale sono sicura che mi spegnerò. Un po' come in una partita di poker dove hai quattro assi in mano e sai che puoi puntare all in.

I miei assi sono l'amore,
la libertà, la dignità e la gratitudine

Quando hai queste carte in mano difficilmente perderai la tua partita contro la vita, se non per un tragico destino che fa comunque parte del gioco. E sì, un po' di rischio me lo assumo anche volentieri se l'alternativa è una vita sprecata a pensare a quello che poteva essere fatto ma che è stato scelto di non fare! Uso volutamente la parola "scelto" perché sono convinta che ognuno di noi può scegliere, sempre! E non mi convince chi dice che non sempre tutto è possibile. Perché se una persona in sedia a rotelle può ballare, un non vedente può vivere da solo e una donna di ottantacinque anni può fare la body builder, se un uomo può surfare un'onda di trenta metri o volare con una tuta, allora, che mi scusino gli scettici, per me nulla è impossibile. Anzi, credo proprio che quando decidi di fare qualcosa e lo vuoi davvero, non ci sono scuse e tutto l'universo inizia a tramare in tuo favore. Sicuramente ci sono scelte più semplici per qualcuno che per altri, obiettivi più facilmente realizzabili per alcuni che per altri, cammini più in salita e altri più in discesa. Chiaramente raggiungere un ottimo livello nel kitesurf è più facile se sei giovane, hai tanto tempo libero e vivi vicino a uno spot, che non se a sei anziano, hai poco tempo libero e vivi in montagna. In entrambi i casi, però, la strada sarà la stessa: determinazione, disciplina e sudore. L'unica differenza è che uno arriverà prima all'obiettivo e l'altro dopo. Molte volte quello che desideriamo è talmente grande che sembra quasi irraggiungibile, altre volte invece è semplicemente al di là di quel muro insormontabile creato dalla paura.

Io voglio viverla questa vita e voglio godermene ogni istante senza pensare troppo a quello che avverrà, perché spesso ci preoccupiamo così tanto di programmare bene tutto senza pensare che magari un giorno quel tutto programmerà qualcosa per noi. Come quando, sei anni fa, decisi che avrei presto mollato tutto per andare a vivere in camper. Ogni giorno era sempre la solita storia, dove gli attori si alternavano ma il copione era sempre lo stesso: "Ma che dici? E poi come campi? Dopo tanti sacrifici, molli tutto?" Come se ormai il mio destino e la mia storia fossero segnati indelebilmente. Come se non avessi potuto vivere in maniera diversa da quella che mi stavo costruendo: danza e specialistica per fare la professoressa di spagnolo a scuola e la maestra di ballo la sera. Poi il Sig. Covid decise da un giorno all'altro che tutte le scuole di ballo sarebbero rimaste chiuse, insieme a tutti i corsi, le serate, gli spettacoli... niente di tutto ciò! E mentre io giravo già il mondo da due anni, contro ogni aspettativa, e costruivo quella che ad oggi è la mia nuova professione e tutti i miei progetti, i miei amici ballerini rimanevano a casa per le restrizioni. Diverse scuole, che fino al 2020 andavano a gonfie vele, ad oggi non si sono ancora riprese del tutto. E così, se ripenso a tutte quelle parole che per mesi mi rimbalzavano costantemente in testa e che, vuoi o non vuoi, erano diventate anche un po' parte delle mie stesse voci interiori... non so perché, ma mi viene in mente il mio poker d'assi e sorrido!

Capisco sicuramente l'ansia e la preoccupazione di chi avevo vicino, anche perché all'epoca non conoscevamo nessuno che vivesse in camper e non potevo far vedere loro che fosse davvero possibile. Quello che però non capivo era perché nessuno credeva davvero che ce l'avrei fatta, che avrei trovato la mia strada. Ricordo ancora i primi commenti sui social: "Ti do tre mesi" o "Ne riparliamo fra un paio di anni"! Solo mia mamma, mia nonna e un paio di amici hanno creduto veramente in me. Ho ancora perfettamente impresse nella mente le parole di mia madre: "Qualunque cosa deciderai di fare, so che ci riuscirai! A me basta saperti felice", di mia nonna: "Se sei contenta tu, lo sono pure io" e del mio amico Pasquale: "Vai commare, sei abbastanza forte per farcela".

Forse nel pensiero comune una donna da sola non può reggere un simile stress, soprattutto di notte. E da una parte anche hanno ragione… non a pensare che una donna non ce la possa fare, perché sicuramente nemmeno tanti uomini ce la possono fare, ma hanno ragione nel pensare che non è per tutti! Essere nomadi richiede delle skill che non tutti hanno già dentro di sé. Sicuramente però si possono allenare ed io ho già aiutato centinaia di persone a fare il grande passo. Sono convinta che la media delle persone comuni non reggerebbero una settimana da soli in giro per il mondo, dove ogni giorno è una sfida continua e dove l'unica comfort zone è quella di saper resistere a qualunque forma di stress. Un giorno rimani impantanato per aver voluto osare un parcheggio off-road, un giorno arriva la polizia e ti manda via alle due di notte perché sei in un parco nazionale, un giorno ti ritrovi in Marocco senza corrente di notte perché sei partita allo sbaraglio e il tuo impianto elettrico non era abbastanza adeguato alle tue esigenze, o sulla neve senza acqua o senza stufa perché non sapevi come evitare che ti si congelasse tutto. E sì, all'epoca non c'era Daniela De Girolamo con le sue consulenze private e ho dovuto sbattere la testa più volte! Ma se si ha la giusta motivazione, se si è convinti davvero di voler cambiare vita, se lavoriamo sodo per mettere via le nostre paure più profonde… e se magari si ha anche un supporto continuo, niente è impossibile. E lo ripeterò all'infinito!

L'influenza del mondo

Ricordo perfettamente un messaggio che ricevetti un paio di mesi fa su Instagram da parte di una donna sulla cinquantina che mi scriveva: "Beata te! Ma come fai a vivere da sola? Voglio dire, devi pensare a tutto tu?" Non trovai il coraggio di rispondere. Anche perché, nonostante gli dessi mille giri, non riuscivo proprio a capire cosa volesse dire con "devi pensare a tutto tu?"

Dopo qualche giorno che pensavo a quella frase, arrivai a capire che nonostante per me sia ormai scontato arrangiarmi da sola in ogni situazione, come cambiare uno pneumatico, riavviare una batteria con uno starter, caricare e scaricare lo scooter dal portamoto, cambiare un fusibile o una spina… non per tutti lo è, anzi! Forse quella donna semplicemente ha sempre avuto qualcuno che pensava per lei, qualcuno che le risolveva determinati problemi. Per questo non ha mai avuto modo di potersi confrontare coi suoi limiti e coi suoi timori e nemmeno poteva immaginare l'enorme potenziale che anche lei, come me, aveva dentro.

Se a un bambino ripetiamo continuamente che questo e quello è pericoloso, crescerà insicuro. Se gli diciamo che esiste l'uomo nero che lo rapisce se non farà il bravo, crescerà probabilmente razzista. Mentre se gli diciamo che Babbo Natale porta i regali ai bambini obbedienti, crescerà pensando che basta dire sempre sì per ottenere qualcosa dagli altri. Poi quegli stessi bambini da adulti staranno ore davanti alla televisione, dove ai telegiornali sentiranno sempre e solo notizie negative che radicheranno in loro la convinzione che il mondo è un posto pericoloso e che l'unica salvezza che hanno è trovare un posto "sicuro"… Magari lavorare duro per qualcuno, per ottenere la ricompensa a fine mese, poi quattro mura, un corso di nuoto nei giorni dispari e i quattro amici della piazzetta con cui bere lo stesso caffè nello stesso bar, finché "matrimonio non li separi". Tutto il resto è da evitare come la peste. Questo accade perché

Siamo le informazioni che riceviamo

Solo le anime piene di inquietudine decideranno di mettere il naso fuori dall'unico contesto che conoscono, decidendo di andare a incontrare l'uomo nero di persona, scoprendo che in Marocco c'è gente che ti apre la porta di casa per prepararti un Tajine. Ah, e queste anime avranno anche il coraggio di dire a Babbo Natale che i regali se li possono comprare anche da soli!

No, non ho figli e soprattutto non bisogna essere genitori per vedere nei bambini degli altri limiti dove dovrebbero esserci stimoli. Ho però tanti papà e mamma che mi seguono sui social o che ho conosciuto in giro per il mondo e che, parlandomi con quello che loro considerano affetto, cercano di mettermi in allerta dicendomi che forse dovrei tornare a casa, o che dovrei trovarmi un fidanzato perché così non sono sola. La frase, dopo aver capito che sono irremovibile, è sempre la stessa: "Ma non hai paura?"

L'unica cosa di cui ho paura è la convinzione che non seguendo i miei sogni mi sentirei già morta in vita. Avrei forse una vita longeva e serena, ma per me piatta, noiosa e priva di stimoli per crescere e imparare. E la vita io non la voglio misurare in lunghezza, ma in intensità. Primo perché è l'unica cosa che è davvero in mio potere nel mio "qui ed ora" e secondo perché quando vivi una vita serena e appagata è molto più facile vivere più a lungo di chi vive una vita fatta di stress e frustrazione.

**A volte il problema è che crediamo di avere più vite
o di essere immortali**

Che poi, come se rimanere a casuccia con un uomo accanto dovesse farmi sentire più al sicuro. Come se la cronaca nera non fosse abbastanza chiara nel dirci che nemmeno in questo caso una donna è completamente al sicuro. Dovrei vivere con la paura dei malintenzionati che potrebbero entrare nel mio camper quando dormo, mentre centinaia di femminicidi si consumano ogni anno a mano di coloro i quali avrebbero dovuto "amarci e rispettarci finché…"? Oppure dovrei trovarmi un fidanzato che mi stia vicino quando non sto bene e poi magari quando sto male l'unica cosa che sa fare è farmi stare peggio? No, non credo che fare queste scelte "di testa" sia la soluzione, non credo che una relazione possa essere appagante e/o longeva quando viene basata su queste forme di convenienza o per liberarmi di tutte quelle faccende tipo buttare la spazzatura, portare fuori il cane o non so cos'altro. Anche perché, se dopo un litigio non lo farà comunque o per farlo devo ripeterglielo mille volte, che faccio? Lo scaravento fuori dal camper in corsa?

Voglio persone vere accanto e non dei "badanti" o dei "maggiordomi", perché se sto male posso andare all'ospedale e se ho bisogno di qualcosa che io non posso fare, chiamo un professionista, un amico o un vicino di camper. La vita finora mi ha sempre premiata per questa mia scelta facendomi trovare le persone giuste nel momento giusto. Anzi, se penso a tutte quelle che ho conosciuto in questi anni, proprio nel momento del bisogno, e a tutte le esperienze straordinarie che ho vissuto con perfetti sconosciuti, quando mi viene chiesto se ho paura, vorrei tanto rispondere con un'altra domanda:

Non avete paura che
restando nella vostra zona di comfort
non vi capiti mai nulla?

Per quanto mi riguarda, vivere una vita in tutto questo pessimismo cosmico non è per niente produttivo né salutare. Siamo tutti d'accordo sul fatto che sia molto più rischioso andare in giro per il mondo che stare a casa sul divano, o surfare piuttosto che giocare a scacchi e così via... ma davvero dovrei evitare tutto questo per essere sicura di arrivare a centodieci anni? Qualcuno dovrebbe darmi prima di tutto la certezza di arrivarci e poi dovrebbe dirmi cosa ci sia di più bello da vivere tra gli ottanta e i centodieci anni rispetto che tra i trenta e i sessanta... Cosa mi perdo fra cinquant'anni se non doso le mie energie, il mio tempo, i miei investimenti oggi? Davvero, sono serissima... cosa c'è da rinviare e da tenere in serbo per quando, se ci arrivo, magari mi ritrovo tutta intera, solo con qualche ruga in più, ma su un bel letto, immobile a guardare il soffitto, pensando a tutto ciò che avrei voluto fare ma ormai è troppo tardi per farlo? Ma perché siamo tutti convinti di arrivarci a questi famosi ottant'anni? Se scrivessi questo in un post sui social qualcuno risponderebbe sicuramente così: "Parli così perché non hai figli!" Mi sembra di vederli già digitare sulla loro tastiera. Come se avere figli voglia dire dover garantire loro la nostra presenza fino a centodieci anni per accudirli fino all'ultimo sospiro. Ma dove sta scritto? Ogni tanto ci dimentichiamo di essere animali o forse ci divertiamo proprio a complicarci la vita? Ogni essere vivente sulla faccia della terra dopo lo svezzamento deve prendere la sua strada ed essere pronto a sopravvivere. Davvero non siamo consapevoli che nel momento in cui decidiamo di mettere al mondo un figlio dovremmo accettare anche di poterlo perdere in qualsiasi istante? Davvero vogliamo ignorare il fatto che nostro figlio non sarà per forza il bastone della nostra vecchiaia perché sarà andato a vivere dall'altra parte del mondo, o sarà finito in carcere, o lascerà questo mondo prima di noi?

La mia vita ha assunto tutto un altro significato
da quando ho iniziato ad accettarla così com'è:
semplicemente imperfetta

Ringrazio ogni giorno per ciò che di bello ho da vivere e per il mio stato di consapevolezza acquisita. E non rifiuto la morte perché è parte della vita. Grazie al cielo, ho la certezza che un giorno morirò anch'io e moriranno tutti i miei cari e saperlo in anticipo è una gran bella notizia.

Posso vivere e vivermi i miei cari
ogni giorno come se fosse l'ultimo

Lavorare per vivere e non vivere per lavorare

Finalmente inizio a sorseggiare il mio caffè, mentre faccio spazio sul tavolo. Mi servirà da scrivania per le prossime consulenze online. Devo ammettere che a volte penso tra me e me "Chi me lo fa fare a vivere in dieci metri quadri quando potrei vivere in una casa di almeno quaranta?", poi penso alla libertà che mi dà il mio piccolo rifugio con ruote e ripeto uno dei miei mantra allo specchio:

Non si può avere tutto dalla vita

Me ne convinco ancora di più quando mi basta allungare il braccio per tirare fuori il caricabatteria del pc che si sta scaricando senza neanche dovermi alzare dal divano. O quando, con un bel sorriso stampato in faccia, mi ricordo di aver appena fatto il pieno alla bombola ricaricabile con soli sedici euro, che mi permetteranno di riscaldarmi per almeno due settimane. O che ho fatto il pieno di duecento litri d'acqua in una bellissima area di sosta, con carico e scarico senza spendere un euro, e che anche domani il sole mi darà l'energia necessaria per ricaricare le mie batterie a litio. Per non parlare del fatto che, in base alle condizioni climatiche, potrò decidere se farmi una bella sessione di surf o di kite o di kayak, con asciugatura gratuita di capelli e muta!

Vivere in camper mi permette di abbassare decisamente il budget mensile con cui vivo. Questo, di conseguenza, mi permette di lavorare molto meno di quaranta ore settimanali! Ovviamente non è il principale motivo per cui ho scelto questo stile di vita, per tanti altri versi per nulla facile, ma voglio essere coerente con la mia filosofia.

Avere più soldi non mi cambia la vita,
avere meno tempo libero sì

Quindi, sicuramente oggi mi basterà lavorare la mia media giornaliera di circa quattro ore. Volendomi accontentare, a dir la verità, anche solo due!

Tra pochi minuti dovrò fare una consulenza e, una volta finita, voglio assolutamente riaggiornare per l'ennesima volta l'articolo del blog "Come mantenersi per vivere in camper viaggiando", perché l'ho scritto dopo pochi mesi di vita in camper e nel frattempo ho scoperto mille altri modi per farlo. Se devo proprio dirla tutta, non credo che riuscirò mai a inserire tutte le idee che mi passano per la testa mentre viaggio e conosco altre realtà, culture e persone da tutto il mondo! Ogni giorno è uno stimolo nuovo e, sarà per la mia curiosità o il mio normalissimo spirito di sopravvivenza, ma proprio non riesco a stare dietro a tutte le idee di progetti e investimenti che mi si presentano lungo il cammino.

Sembrano passati anni luce da quando ero a casa che mi scervellavo per studiare cosa avrei potuto fare per mantenermi viaggiando e, anche se avevo già un paio di idee e un paio di assi nella manica, come tre lingue e centinaia di skill apprese in anni di vita dinamica sempre a contatto con altri viaggiatori e imprenditori, forse la cosa che più di tutte mi ha dato la spinta per partire è stata la consapevolezza che sarei stata pronta a tutto pur di vivere così. Anche a fare l'artista di strada o andare a posare i carrelli al supermercato. Credo sia stata questa la chiave del mio sblocco mentale:

Sono disposta a tutto pur di ottenere ciò che voglio davvero

Era giunto il momento di dire basta al mio rimandare la partenza stando a casa a progettare cosa avrei potuto fare e inventare. Sapevo, o forse solo sentivo, che avrei trovato il modo.

La prima cosa da fare era smettere di mantenere casa mia e far sì che lei potesse mantenere me. Così, senza pensarci troppo, presi con me solo le cose che mi sarebbero potute servire davvero e buttai, vendetti e regalai tutto il resto. Poi avrei trovato qualcuno che mi avrebbe pagato l'affitto e, di conseguenza, le spese di casa e anche un po' delle mie. Non mi sarebbe bastato a fare una vita senza troppe rinunce, già lo sapevo, e soprattutto un'entrata da un affitto non è certo uno stipendio fisso o una pensione, dato che per qualche mese sarei potuta rimanere senza inquilini, cosa avvenuta non di rado, o un giorno trovarmi in casa gente inadempiente. Ma, per iniziare, meglio di niente sicuramente sarebbe stato!

Trovare come primo lavoro un contratto di tre mesi, a Perugia, come cameriera, nonostante la mia laurea, i mille titoli di danza e attestati vari, non fu semplice da accettare, ma sarebbe stato ciò che mi avrebbe permesso di spiccare il volo. Lavoravo dal giovedì alla domenica sera e partivo, alla scoperta dell'Umbria, dal lunedì al giovedì pomeriggio. Buonissimo compromesso e tanto tempo libero per iniziare a cercare altro.

Ero consapevole di non sapere ancora dove sarei andata a finire, ma ciò che davvero stavolta non immaginavo era che, per l'ennesima volta

Sarei riuscita a costruirmi un lavoro dal nulla

E fu così che dopo diverse proposte di collaborazione con aziende del settore che si sono dimostrate delle vere prese in giro, col passare dei mesi il mio passatempo sui social si stava trasformando in un lavoro. Il blog cominciava a crescere sempre di più e il numero di persone che mi seguivano sui social iniziava a salire in tempi record. C'era un unico problema... coi follower non si mette gasolio al camper! Così, tra un mese di alti, uno di bassi, tra imprevisti e casa sfitta, trovai altri lavori e altri modi di sbarcare il lunario. E, tra un paio di mesi in un campeggio come animatrice e diversi lavori fatti in cambio di ospitalità o semplicemente baratto di servizi con vicini camperisti, sono riuscita a continuare il mio cammino. Facendo lezioni di spagnolo in cambio di una cena o animazione in un locale in cambio di un ingresso gratuito, cucendo tende, lavando cani in camper, facendo tinta o sopracciglia e baffetti alla moglie del vicino in cambio di un lavoretto sul camper, prendevo tempo per migliorare le mie abilità da blogger.

Io non sapevo nemmeno cosa fosse un blog! Eppure la passione per il mio stile di vita e per la scrittura, insieme alla mia naturale predisposizione per l'insegnamento, mi hanno portata a fare ciò che ho sempre amato: insegnare tecniche e trasmettere passioni. Mi mancavano solo le competenze tecnologiche e le nozioni di web marketing, ma dato che adoro leggere e apprendere sempre cose nuove, sarebbe stato solo questione di tempo e di ragionevoli investimenti di denaro. Studiavo giorno e notte e scrivevo centinaia di articoli gratuiti nella speranza che qualcuno iniziasse a prendermi sul serio. Così passai da essere una comune camperista DOC ad una blogger esperta di camper: ad oggi ne ho cambiati ben quattro! E poi, dopo un po' di anni, da fulltimer a blogger e da blogger a consulente di vita in camper. A distanza di due anni, aprivo finalmente la mia partita iva e iniziavo a monetizzare. Ed eccomi qui, oggi, con uno dei blog più conosciuti in Italia e con un seguito di decine di migliaia persone che mi supportano sui social, che mi stimano e che si affidano ciecamente a me!

Non è stato facile e non lo è tutt'ora. Gestire un camper mentre ti sposti a volte ogni due o tre giorni e devi guidare mentre decidi dove sostare, le pulizie, la manutenzione e i lavori straordinari. Poi un cane con le sue esigenze primarie e io con le mie. Il mio lavoro con i contenuti quotidiani, i nuovi accessori da testare, gli articoli, le nuove convenzioni, le consulenze, i mille progetti… Ma la cosa che forse mi pesa più di tutte è che, ormai, ho dato in pasto la mia vita al pubblico, con una serie di contro non indifferenti, tra cui non avere orari, non avere privacy e, a volte, dover fare i conti con chi pensa che tutto sia dovuto e che tu sia lì a divertirti mentre dispendi consigli gratuiti perché non hai niente da fare.

Ricordo ancora il giorno in cui ero andata alla fiera del camper a Parma ed ho lavorato tutto il giorno tra gli stand, a fare da testimonial, a prendere contatti con aziende, incontrare i miei follower, fissare nuove consulenze, creare contenuti e informarmi sulle novità del momento.

Una mattina di quelle, scesa dal camper per portare Spritz a fare i suoi bisogni, una signora mi si era lanciata addosso tutta entusiasta di vedermi ed io, dopo un abbraccione e un sorrisone, ho cercato di bloccare la sua raffica di domande con un "Scusami, Spritz deve fare i suoi bisogni, ma se vieni a trovarmi a mezzogiorno al padiglione 2, stand C002, chiacchieriamo e ci facciamo una foto!" In tre secondi i suoi occhioni a forma di cuoricino hanno lasciato spazio a sopracciglia inarcate e muso storto, con cui la signora si è trasformata nella più velenosa delle vipere che, con un morso profondo e tagliente, mi ha seccato con un "No no, guarda, lascia stare!"

Oppure, prima che vietassi la diffusione del mio numero, le volte che ricevevo telefonate a tutte le ore del giorno e della notte da perfetti sconosciuti e semi tali che volevano sapere che temperatura ci fosse in inverno in Portogallo o se per andare in Basilicata ci volesse il Greenpass.

Se mi guardo indietro, non so dove abbia trovato la forza di tollerare certe cose. Se poi mi devo anche sentir dire a volte "Beata te" o "Facile con gli sponsor o con l'affitto di casa" o "Quanti notai hai in famiglia?"… Come se, anche fosse, qualcuno mi avesse detto: "Tiè, qui c'è un camper, quattro sponsor, quattro mattoni da mettere a reddito, tanto coraggio e spirito di adattamento, sei pronta per vivere in camper!"

Ma poi ripenso alle migliaia di persone dolcissime che mi supportano e che sono sempre lì a sostenermi e tutto passa!

Non so neanche dove abbia trovato la forza di costruire tutto questo da sola e dal nulla. A conti fatti però posso dire che sicuramente amo il mio lavoro. Soprattutto la libertà che questo mi dà nel permettermi di farlo ogni giorno da un angolo diverso del pianeta e di poter decidere più o meno con serenità quante ore dedicare al mio tempo libero e ai miei hobby.

E se non ce l'avessi fatta? Sicuramente sarebbe stata una bellissima esperienza e avrei comunque appreso tante nuove cose e conosciuto tante bellissime persone. Sarei ripartita di nuovo da zero, dato che di chiedere soldini a casa, ovviamente, non se ne parlava. Primo perché mamma ha un semplicissimo lavoro da dipendente e secondo perché sono troppo orgogliosa per farlo.

Less is more

Accendo il pc, collego il caricabatterie e il cavo LAN al mio modem Wi-Fi. Preparo il mio telefono di lavoro, la mia bottiglia d'acqua e apro l'agenda e il quaderno delle consulenze.

Sì, adoro prendere appunti a penna mentre ascolto le persone raccontarmi le loro esigenze! Mi fa sentire come se stessi dipingendo un quadro, nessuno è mai uguale all'altro. Ognuno ha le sue esigenze, le sue motivazioni per chiedere aiuto, le sue paure e le sue priorità.

Spritz si sdraia accanto a me come di consueto, come se volesse dimostrarmi che vuole partecipare all'economia domestica. O forse è solo una delle sue ruffianate acchiappa coccole. Non lo sapremo mai!

Nemmeno uno squillo e Claudia risponde con voce squillante: "Ciaoooo che piacereeee!"

Non riesco a descrivere la gioia che mi dà sentirmi vibrare nelle emozioni di chi si affida a me.

"Finalmente ho l'onore di parlare con te. Sei il mio idolo" continua.

"Io idolo?" penso dentro di me. Non riesco proprio a sentirmi tale, ma posso capire ciò che intende e che prova. Decido quindi di assecondare il suo entusiasmo, ma facendolo rispecchiare in lei con un bel: "Presto anche tu sarai il tuo idolo!"

Claudia, pensionata di sessantadue anni, ha scritto chiaramente nei dettagli della richiesta di consulenza che vuole andare a vivere in camper ma ha bisogno di un mezzo di sette posti perché ha con sé un sacco di cose e tantissimi documenti. Ancora è presto per arrivare a capire quale sarà il camper perfetto per le sue esigenze, ma una cosa è certa: non ha bisogno di un camper super mega gigante solo per le sue cose! Esistono migliaia di soluzioni molto più semplici, economiche e indolore che avremo modo di vedere insieme durante le due ore che mi ha chiesto di passare insieme al telefono. Ma prima di cercare una soluzione per trovare un posto per ogni singola cosa che adesso pensa che potrà servirle, mi preme fare un piccolo passo indietro per provare a capire se tutte quelle cose le serviranno davvero nella sua nuova vita in camper.

"Claudia, mi diresti a occhio e croce quanti vestiti e di che tipologia pensi ti possano servire vivendo in camper?" Lei parte in quinta a rispondere: "Beh, sicuramente roba sportiva per fare escursioni in montagna, poi roba un po' più carina per visitare la città, qualcosa di elegante per la sera e poi... ehm..." Si blocca, ma io la invito a continuare. Ecco che ammette: "Ehm... basta, non mi serve altro!"

Cerco di farle capire che potrà tranquillamente disfarsi o semplicemente lasciare in qualche scatolone nella casa di migliaia di metri quadri di qualche parente tutti i vestiti da cerimonia, feste, compleanni, riunioni, funerali e roba varia che probabilmente non le servirà più, se non nelle sporadiche settimane in cui tornerà in vacanza a trovare i suoi cari.

"Hai pensato inoltre che, vivendo in camper, andrai una volta a settimana in una lavanderia automatica e probabilmente rimetterai la stessa roba la settimana successiva ritrovandoti in un posto nuovo con persone nuove che non sanno come fossi vestita la settimana precedente o come vestirai la successiva?"

Claudia annuisce, ricreando un momento di silenzio inequivocabile per me dopo le centinaia di consulenze fatte. Questo è il momento in cui la persona che si affida a me inizia a mettere in discussione i suoi preconcetti sulla vita in camper. È il momento del primo vero passo verso una vita su quattro ruote. Claudia ha capito! E con tono deciso afferma: "Hai proprio ragione, less is more!"

Soddisfatta di aver alleggerito non solo il suo camper, ma la sua mente e, soprattutto, la sua tasca, proseguo l'incontro donandole preziosi consigli. Visto che, nel parlare con lei, mi sono accorta che è una persona poco organizzata e un po' sbadata, le spiego invece l'importanza di controllare sempre la validità dei suoi documenti e le consiglio di scannerizzarli, salvare la copia ed averli sempre a portata di mano e al sicuro. Io, ad esempio, ho tutto salvato su Google Drive. Per chi è costantemente in viaggio questa è una priorità!

In una sola delle due ore lei ha già talmente tante nozioni nuove da iniziare a mettere in pratica da subito e che, se seguite alla lettera, le faranno risparmiare un sacco di soldi e di tempo prezioso, che decidiamo insieme di aggiornarci la prossima settimana per la seconda ora.

Finita la consulenza, approfitto di avere il pc acceso per rispondere ad un paio di mail e per impostare il prossimo articolo del blog. Vorrei tanto terminarlo, ma mi prenderebbe troppo tempo… lo finirò dopo cena, visto che si sono già fatte le otto e trenta e la fame si fa sentire!

Trasformo nuovamente la scrivania in tavolo, passaggio molto semplice e "automatico" dopo anni di vita in camper, mentre inizio a pensare a cosa cucinare. Faccio diversi giri a vuoto tra il divano e il frigo e di nuovo dal divano al congelatore… e menomale che vivo in camper e non in una villa con una cucina di cinquanta metri quadri! Non mi viene in mente molto. Accendo quindi il boiler, due candele, un incenso e, con kizomba di sottofondo, decido di regalarmi una bella doccia calda per rilassarmi un attimo.

Ogni tanto sorrido prima di andare a fare la doccia perché penso a quante persone non sanno nemmeno che ci sia una doccia sul camper.

Quello che in realtà non sanno è che, a parte il consumo ridotto di acqua a cui ovviamente bisogna prestare attenzione, come in teoria sarebbe meglio fare anche a casa, non c'è niente di meglio che farsi una doccia in camper! In dieci minuti porti contemporaneamente sia la temperatura del camper che dell'acqua a ventiquattro gradi, non hai problemi di sbalzi di temperatura dell'acqua e, soprattutto, non può succedere, come invece capita nelle case, di rimanere senza acqua sul più bello!

Decido di aprire uno degli ultimi Crodini della scorta fatta in Italia prima di varcare il confine, insieme a cinquanta chili di pasta e venti di caffè che "non si sa mai"! Tra un pistacchio, un'oliva aliñada e una nocciolina, mi rendo conto che ancora non ho deciso cosa mangiare o forse sono abbastanza stanca per pensarci, preparare e poi lavare i piatti.

Sono le nove e oggi non ho proprio avuto il tempo di andare a comprare qualcosa di fresco per la cena al mercato, quindi… andrò a cena fuori! Stamattina, andando dal veterinario, ho visto un ristorantino di tapas e ho già anche sbirciato sulla lavagna la proposta di circa quaranta tapas a soli due euro. Penso che andrò lì e credo proprio che le prenderò tutte e quaranta!

Se penso che quando ho iniziato a vivere in camper avevo giusto la possibilità economica di concedermi ogni tanto delle coscette di pollo a tre euro al chilo, oggi credo di aver nettamente migliorato il mio stile di vita, o almeno quello economico. È vero che non avevo la possibilità di fare tante cose, come andare dal parrucchiere, a cena fuori, o di poter mantenere uno scooter 150, un kayak, l'attrezzatura da kitesurf e da surf, ma è vero anche che avevo così tanto tempo libero da andare a piedi al mercato tutti i giorni, risparmiando così benzina e seconda assicurazione dello scooter e garantendomi sempre ottimi affari sia sul cibo che sul resto. Avevo tempo e voglia di lavare i panni a mano e stenderli al sole per risparmiare dieci euro di lavanderia, tagliarmi i capelli da sola, tosare Spritz e tante altre cose per cui non avevo abbastanza soldi. Avendo tanto, tantissimo tempo libero potevo investirlo in cose che oggi, dovendo investire diverse ore al giorno sul mio lavoro, non ho più il tempo di fare e per forza devo delegare. È assurdo come siano collegate le due cose:

Più lavori, meno tempo libero hai,
più spendi per recuperare il poco tempo a disposizione

Ne è un esempio molto chiaro la nostra società, dove si lavora a tempo pieno per poi dover pagare la macchina e il gasolio per recarci a lavoro, chi ci tiene i bambini, chi ci porta a spasso il cane, chi ci lava la macchina e per acquistare e mantenere la lavatrice, l'asciugatrice, la lavastoviglie, il robottino che aspira, quello che cucina, quello che prepara il caffè, Alexa che ci spegne la luce e la palestra per allenarci quaranta minuti perché per quaranta ore a settimana siamo seduti davanti ad un pc e non abbiamo tempo di andare in montagna a fare due ore di trekking.

I nostri nonni, senza andare troppo lontano, lavoravano meno, guadagnavano di più, sapevano fare più cose, spesso gestivano anche l'orto e un paio di animali, andavano a piedi al porto a comprare il pesce a chilometro zero e i salumi del vicino. Spendevano poco e mangiavano sano. Lavoravano nei campi, lavavano a mano, si muovevano a piedi e non avevano certo bisogno di andare in palestra per mantenersi in forma.

Oggi andiamo al grande supermercato a fare una grossa spesa settimanale e compriamo il succo di arancia in bottiglia di plastica e conservanti e zuccheri aggiunti perché non abbiamo il tempo di raccogliere quattro arance e farci una spremuta. La pasta e la pizza pronta perché figurati chi ha tempo di impastare, i gamberoni congelati dal Brasile, le bistecche dalla Polonia e il latte dalla Slovenia.

Ma visto che ora sono tornata un po' nel sistema ed oggi ho lavorato fino a tardi, stasera cedo al consumismo anch'io! Mi butto addosso il solito jeans, nonostante ne abbia ben quattro, mentre penso a cosa me ne facessi di cinquantotto diversi nella mia vita precedente. Anche oggi opterò per una semplice maglietta e scarpe da tennis, mentre prometto alle mie décolleté che prima o poi le tirerò fuori dalla scarpiera e le porterò a sgranchirsi i tacchi. Prendo l'unica borsa nera a tracolla che ho per estate e inverno, giorno e notte, ristorante ed escursione, il guinzaglio di Spritz e parto per questa botta di vita mondana.

Scendiamo dal camper per incamminarci mentre Spritz corre verso un gruppo di persone sedute su un tappeto stile marocchino per vedere se trova qualcosa da mangiare, oltre alla sua ormai scontata dose di coccole e spupazzamenti vari. Saluto e, come spesso accade, tra un "Quanti anni ha?" ed un "È maschio o femmina?", mi ritrovo seduta a sorseggiare un tè con i miei vicini di camper prima ancora che Spritz abbia smesso di scodinzolare a dovere. Tanto ancora è presto per i ristoranti spagnoli!

Sono ormai abituata a ritrovarmi a parlare con gente di tutto il mondo, ma devo dire che stasera siamo proprio bene assortiti: abbiamo una coppia italo-colombiana, una tedesco-giapponese, un viaggiatore solitario spagnolo e uno marocchino.

Iniziamo a parlare di viaggi quando ci ritroviamo, senza troppe discussioni e pensamenti, perfettamente organizzati in quello che sarebbe stato il mio nuovo programma della serata: una cena multietnica, vino, musica e buona compagnia. Insomma…

Una cena da un milione… di stelle

Faccio fatica a stabilire quale sia stato il piatto più costoso tra la mia carbonara con seitan e uova del contadino, i noodles giapponesi con verdure, i tacos colombiani, il couscous marocchino e la tortilla spagnola, il tutto 90% vegan. Soprattutto, faccio fatica a dare un prezzo a tutto questo!

I nostri cani giocano felici e noi siamo totalmente incuranti degli sguardi di alcuni passanti benvestiti che vanno ad occupare il mio posto al ristorante.

Nella mia vita credo di aver mangiato in ristoranti tra i più stellati, grazie ai matrimoni in cui facevo animazione e a uno dei miei ex fidanzati straricco. Ma nessuna di quelle cene poteva essere paragonata a una come questa, sia in termini di emozioni che di atmosfera e di profondità di discorsi. Non solo questa sera l'universo mi sta regalando uno di quelli che sarà sicuramente uno tra i più bei ricordi della mia vita, ma per l'ennesima volta mi sta ricordando che non servono assolutamente i soldi per essere felici, o almeno, non fin quando la nostra priorità è collezionare momenti ed esperienze. No, per quelle non servono i soldi, serve tempo e voglia.

Tempo per poter vivere lentamente,
occhi attenti, cuore aperto
e voglia di lasciarsi andare
e di costruire situazioni dal nulla

Il problema è quando spendiamo il nostro tempo per ottenere soldi, per comprare oggetti che poi non avremo il tempo di usare, o per fare viaggi organizzati di una settimana dove avremo poco spazio per l'improvvisazione. Esattamente come facevo io stessa a volte nella mia vita precedente!

Ho capito l'importanza dei soldi a soli tredici anni, quando andai a lavorare per la prima volta nella mia vita. Era il ristorante sotto casa nostra a Milano, di un amico di famiglia che cercava una cameriera. Il fatto che io potessi lavorare solo il sabato a cena e la domenica a pranzo, tra una settimana scolastica e l'altra, non poteva che far comodo anche a lui. Mi sarei occupata di riscrivere i menù, preparare i tavoli, servire le bevande, sparecchiare e fare le pulizie di chiusura, che erano circa alle quattro del pomeriggio per il turno del pranzo e a mezzanotte per quello della cena. Circa sei ore a servizio per quelli che per una bambina della mia età erano davvero tantissimi soldi: cinquantamila lire! Passai due interi weekend senza praticamente uscire, dato che alle cinque del pomeriggio faceva buio e, dopo quelli che per me erano solo due giri di giostra, dovevamo tornare a casa. Già il fatto che andavo a lavorare per avere i soldi ed essere autonoma e poi non avevo il tempo di spendermeli iniziava a farmi frullare la testa… e non di certo per il continuo girare, come nel caso dei miei amici che sulle giostre c'erano da almeno quattro ore!

Ma se già questa piccola consapevolezza acquisita a soli tredici anni non fosse stata abbastanza per segnare il mio futuro economico, il vero schiaffo morale lo ricevetti quando indossai per la prima volta quelli che erano i jeans che finalmente ero riuscita a comprarmi con tanta fatica: i mitici Levi's 501. Tornai a casa di corsa e, con l'etichetta ancora attaccata, li indossai contentissima e corsi davanti allo specchio per ammirare la nuova luce che finalmente emanavo. Non potrò mai dimenticare quella sensazione: il cuore mi batteva forte in gola e gli occhi iniziavano a diventare lucidi. No, non ero emozionata affatto, anzi… mi sentivo triste, quasi vuota. Avevo appena speso centomila lire, o per meglio dire due interi weekend, per avere uno stupido paio di jeans con una stupidissima firma sul culo. Fu quello il preciso momento in cui decisi che mai nella mia vita avrei investito più tempo del dovuto per acquistare più del necessario.

Certo tra il dire e il fare c'è stata di mezzo un'adolescenza dove ho comunque accumulato un po' più vestiti del dovuto, ma mai più, sicuramente, avrei speso soldi in accessori di marca se non strettamente necessario, come nel caso di accessori tecnici per lo sport. Nel frattempo ho anche imparato l'importanza di acquistare al mercato, piuttosto che roba usata o sempre e comunque coi saldi di fine stagione. Soprattutto, mai avrei smesso di usare qualcosa solo perché non era più di moda, tanto che ancora quando torno a casa col camper faccio shopping nel mio vecchio armadio, butto la roba ormai finita e prendo quei vestiti che nonostante abbiano almeno vent'anni, mi stanno ancora una meraviglia. Ok, dai, forse solo i mini short non più! Mia nonna diceva sempre:

I soldi sannu chiu sapiri spendiri ca fari

Questo è un altro dei suoi insegnamenti preziosi che porterò per sempre dentro di me, infatti ora mi concentro molto di più nello spendere bene che nel guadagnare bene!

Anche il nostro dessert fatto con riso e latte di cocco è ormai arrivato al dunque. Finito di darci il cambio per il comando delle playlist, alternandone gli stili, decidiamo di prenderci la libertà di tirare fuori qualche strumento per intrattenerci ancora un po' in quella che si sta trasformando magicamente in una delle situazioni che più adoro del mio stile di vita e per le quali ho deciso che voglio vivere così per sempre:

Libera di cambiare programmi
e di lasciarmi trasportare dal cuore e dagli eventi

La non arte di seguire il flow

Come spesso capita durante le mie giornate, mi dimentico di guardare l'ora, salvo che per i momenti dedicati alle consulenze che sono di solito in tarda mattinata o tardo pomeriggio. Il motivo è che una volta finito di lavorare voglio sentirmi libera di lasciare a casa cellulare ed orologio e andare a letto solo quando il mio corpo me lo chiede davvero. La filosofia per la mattina seguente è esattamente la stessa:

Seguire il flow

È stata una giornata lunga e ho passato una serata indimenticabile, a conferma che non sempre abbiamo bisogno di un piano. Anzi, non c'è niente di più bello di farsi trasportare anche un po' dagli eventi!

Potrei dire che ormai faccio piani per il solo gusto di poterli poi rompere e cambiarli per uno ancora più adatto alle vibrazioni del momento. È una sensazione che mi fa sentire viva. Qualcuno dice che sia un'arte. Per me, invece, è un qualcosa di così naturale che nasce con noi, solo che crescendo lo seppelliamo per fare spazio a cose a cui daremo molta più importanza, giustificandoci con un bel "bisogna avere un progetto nella vita". Eppure, quando da bambini finivamo i compiti al pomeriggio avevamo un piano, uno soltanto, e anche molto chiaro: andare a suonare al citofono del nostro migliore amico e sentirsi dire: "Scendo!". Da lì in poi era tutto avventura, immaginazione e scoperta. Si può dunque avere un piano senza però dover programmare per forza ogni singolo dettaglio, perché non soltanto il numero di variabili in ogni piano è praticamente infinito, ma anche perché

Le cose più belle spesso
sono proprio quelle che non ci aspettiamo

Sì, certo… crescendo sicuramente diventa più complicato e, con l'aumentare delle responsabilità, aumenta anche il numero di persone a cui "dobbiamo dare conto". Ogni tanto, però, quando possibile, credo sia vitale riuscire a ritagliare dei momenti in cui semplicemente non facciamo piani. Uscire a piedi e decidere sul momento di svoltare a destra o sinistra. Prendere un costume, una tovaglia, un panino, un libro, una giacca a vento, salire in macchina, e decidere in base al clima e al sentimento se andare a passare il pomeriggio al mare o in montagna. Mettere in moto il camper, partire con un itinerario ma poi decidere di fermarsi anche in qualche posto che dal nulla cattura la nostra attenzione.

La mia vita è cambiata completamente quando ho imparato a tornare un po' bambina, riscoprendo l'arte di seguire il flow. Da quando sono tornata a guardare il mondo con curiosità e con il cuore aperto alla magia dell'universo. Rompere quella piccola regola, arrivare in ritardo di dieci minuti, abbracciare una vecchietta sull'autobus, farsi rubare un bacio salato al tramonto. Tutto senza dover per forza dare un significato o un nome alle cose! Tutto senza delle regole predefinite e senza la garanzia di successo che così tanto preoccupa l'essere umano.

Mi chiedo spesso come sia possibile che più si ha paura dell'insuccesso, più si cerca di controllare quanto accade, facendolo incastrare in schemi molto rigidi... Non dovrebbe essere esattamente l'opposto? Cioè

Non è più rischioso veder fallire qualcosa quando circoscritto tra regole ferree, piuttosto che veder fallire ciò che viviamo senza aspettative?

Come ad esempio quando qualcuno pensa che perchè vivo in camper vuol dire che un giorno prenderò il largo per sempre e dunque affezionarsi a me è pericoloso. Chi ha detto che le relazioni tra vicini di pianerottolo non possano finire lo stesso? E dove è scritto che una persona che vive in camper non possa decidere un giorno di fermarsi, laddove ne valga davvero la pena? Morirò con questi interrogativi!

Il mio flow mi porta naturalmente al momento dei saluti e degli abbracci, quelli profondi e veri, come forse a volte solo tra perfetti sconosciuti ci si riesce a dare. Forse perché oltre ogni aspettativa. Nessuno batte ciglio sulla ritirata dell'altro che, come sempre mi è piaciuto fare, avviene da un momento all'altro, senza per questo deludere nessuno.

Poche centinaia di metri ed eccomi già dentro il mio amato camper. Nel calore mantenuto dall'impostazione automatica della mia Truma a gas o dalla semplice energia che si respira e che, non so perché, a quest'ora è molto più definita nelle mie narici. Tra luci soffuse e qualche candela, metto a bollire la quantità esatta d'acqua già misurata nella mia tazza, così da non sprecarne nemmeno una goccia, per godermi una delle mie tisane rilassanti. E intanto che bolle l'acqua, metto un po' in ordine, abbasso il riscaldamento in automatico a sedici gradi, giusto per essere sicura di non trovare i pinguini domani mattina che mi salutano con "Il ballo del qua qua"! Mi lavo i denti e mi massaggio il viso con una crema idratante che mi regala quella sensazione di relax in più. Lascio in infusione la mia tisana preferita per cinque minuti, giusto il tempo di tirare giù il letto basculante, chiudere gli oscuranti e preparare la moka così domani posso rimettermi sotto le lenzuola dieci minuti intanto che è pronto il caffè! Uso il letto anteriore perché quello posteriore l'ho trasformato in un misto tra ripostiglio e cabina armadio. Dato l'enorme ingombro delle attrezzature sportive e per hobby vari (mute, tavole, tappetino per lo yoga, pianola), per ora non ho altra scelta, ma appena ho un attimo vedrò di fare pulizia, regalare cose che non uso o uso poco e riorganizzare gli spazi. Qualcosa mi verrà in mente di sicuro! Adoro il mio letto e da quando vivo in camper faccio incredibili dormite, così profonde che a volte mi sveglio esattamente nella stessa posizione in cui mi addormento. Tanto da essere ormai quasi certa del fatto che la notte la nostra anima viaggia davvero in altri universi paralleli.

Per molti, il fatto di avere il tetto spalmato a meno di un metro dalla faccia sembra proprio essere un problema. Vorrei tanto chiedere a queste persone se quando si girano nel letto, invece di farlo su un lato, lo fanno in verticale, con una sorta di ruota, capriola o triplo salto mortale con spaccata finale!

Preparo anche la cuccetta per Spritz che, nonostante ami alla follia, da sempre ha il divieto assoluto di dormire nel mio letto. Mi rifiuto di avere peli e sabbia nel letto! Anche perché non voglio essere schiava di dover lavare troppo spesso le lenzuola e, dato che non ho ancora la lavatrice in camper e mai l'avrò, il compromesso giusto è fare a meno della sua lingua in bocca la mattina!

Prendo la mia tisana e vado a sorseggiarla, come sempre, fuori. Credo che questo sia uno dei momenti della giornata che più adoro, oltre che uno dei pochi momenti di routine della mia folle vita itinerante fatta di giornate sempre diverse, di nuovi incontri, di sapori, colori e profumi sempre nuovi, di sogni e sorrisi, ma anche di imprevisti e di momenti duri che, pur mettendomi continuamente alla prova, mi fanno sentire viva. Esattamente come per la colazione, sono gelosissima di questo momento di completa solitudine. Difficilmente immagino di volerlo un giorno condividere con qualcuno che non sia Spritz, mio fedele compagno di viaggio e di vita. Uniti in un silenzio col quale ci capiamo perfettamente, insieme ma indipendenti, ognuno nei suoi "non pensieri". Ok dai, per un abbraccino e tante coccole in silenzio forse un sacrificio lo faccio.

Obbligatorio è il naso in su alla ricerca della mia amica Luna! Eccola la mia musa, maestosa e raggiante! Nonostante le sue cicatrici profonde, rimane lì, da sola, quasi inconsapevole di ciò che significhi per tutto l'ecosistema. Se la guardi di sfuggita sembra immobile, eppure sappiamo tutti che anche lei ha i suoi cicli: sale e scende, a volte sembra essere piena di sé e a volte così sottile, quasi possa spezzarsi con una raffica di vento. A volte appare più vicina e a volte più lontana. Eppure è lì, è lei, tanto forte da poter muovere le maree. Probabilmente nemmeno lei sapeva di essere così grande fin quando non si è specchiata la prima volta sull'oceano, ma anche lei ha dovuto prima trovare il coraggio di salire così in alto per poterlo fare! Sin da piccolina mi sono sentita attratta da lei e, crescendo, mi ci rivedo un po', tanto che ci ho instaurato un dialogo sempre più profondo.

È stata la mia confidente nelle notti più buie

A volte ho il dubbio che sia una sorta di specchio magico… È stata colei con cui ho sfogato la mia rabbia quando, alzando gli occhi, a volte, non l'ho trovata. Ma è stata anche colei a cui non ho mai dimenticato di dire grazie, ogni volta! Grazie per essere sempre tornata, grazie per essere stata lì anche quando non ho creduto abbastanza in te, facendomi così capire che esiste il "per sempre" per chi ha il coraggio di crederci ed aspettare! Grazie per avermi insegnato che anche io, nonostante i miei cicli, posso amarmi davvero e lasciare che anche gli altri lo facciano, perché

Ognuno di noi è meritevole d'amore, deve solo esserne consapevole

Tutto ciò di cui ho bisogno

Nella penombra di questa mezza luna vedo qualcosa muoversi vicino a me. È Spritz che, dopo i suoi ultimi giri di perlustrazione e marcatura in stile "addetto alla sorveglianza", si mette comodo vicino ai miei piedi. Sembra volersi godere anche lui questo momento. La sua buffa posizione è sempre la stessa: seduto con lo sguardo da cucciolo abbandonato in cerca di un po' di coccole, perché oggi non ne ha avute abbastanza. Mi chino sulle ginocchia e rimango ancora qualche secondo lì con quello che fino a due minuti prima era un mastino napoletano disposto a tutto per il suo territorio e ora si è trasformato in un barboncino indifeso. È proprio vero che i cani assomigliano al padrone! Lui è parte integrante e fondamentale del mio percorso di crescita personale che mi ha portata alla consapevolezza che ho oggi. Con tutto ciò che esso comporta, come lasciare andare tutto quello che mi porta lontano dai miei obiettivi e, quindi, dalla mia felicità. Come allontanare tutte le persone che mi trasmettono negatività e che non mi permettono di credere nei miei sogni. Anche se il prezzo iniziale è stato molto alto. Non è stato facile e a volte non lo è tutt'ora, perché per quanto provi a mantenere sempre un certo equilibrio… sono umana anch'io!

Ma c'è una cosa che ho ben chiara ormai e che mi ripeto in quelle sere in cui, guardando la luna, mi sento un po' più triste o malinconica: se qualcuno ha fatto in modo di non esserci più nella mia vita, in realtà l'unica cosa che ha lasciato dentro di me, quel vuoto che a volte ho sentito, non è altro che spazio. Spazio libero per l'amore di tutti gli altri, me compresa.

Spazio libero per me stessa

Spazio per raccogliere l'energia dell'universo che pervade ogni angolino lasciato libero. Proprio come fa l'acqua versata in un vaso di terra arida.

Guardo la nostra casa, circondata dal verde dei cespugli, alla giusta distanza dagli altri miei vicini di camper di stanotte, elegantemente distribuiti in quello che è uno splendido equilibrio tra coalizione e privacy. Nel silenzio che reciprocamente ci regaliamo dopo una certa ora. Lo so, è solo un oggetto, ma a parte custodire il mio pc ormai decrepito con tutti i miei ricordi e poche altre cose di valore, è tutto ciò che "possiedo" in questo momento. È il mio paio di ali che mi permette di seguire le stagioni e il cuore.

È la sensazione di essere a casa ovunque

È il simbolo della mia vittoria fatta di tante piccole battaglie. Ma è anche la mia tana, dove mi riparo dal freddo della notte, dove mi rifugio quando ho bisogno di piangere e dove torno ogni volta che mi sento un po' sperduta o a disagio. È dove mi sento sicura e protetta. È dove, una volta chiusa la porta, spesso dimentico dove sia parcheggiata e dove, quando mi sento costretta, è sufficiente aprire nuovamente la porta per avere tutti i metri quadri che desidero.

A volte mi basta guardare dal finestrino per sentire che le sue pareti si allargano verso l'orizzonte e che il suo tetto scivola via, mentre io, rimanendo comodamente seduta sul sedile passeggero girato di circa quarantacinque gradi verso la dinette, sento di essere comunque immersa nella Natura. Quella Natura in cui ho ritrovato me stessa e nella quale trovo la mia dimensione. Quel finestrino dove a volte mi è capitato di scorgere il riflesso del mio viso sul quale è stampato il sorriso di quella bambina che è stata finalmente perdonata e che ha trovato qualcuno che la ama con tutta se stessa: la me di oggi. Quel finestrino dove a volte ho provato a guardarmi da un'altra prospettiva, cioè dagli occhi di chi spesso con un facile "Beata te" ha velocemente sentenziato sia il mio successo che il proprio insuccesso.

Sì, se mi volto indietro e guardo me stessa esattamente lì dove tutto è iniziato, non mi sento beata affatto! Credo semplicemente che ognuno di noi sia responsabile delle proprie scelte, tra cui, la più importante: quella di essere felici o meno.

La scelta di essere felici per ciò che si ha
o infelici per ciò che ci manca

Perché la felicità è una scelta, e le cose non arrivano certo restando seduti con le braccia conserte. Quindi no, non sono beata affatto!

Mi infilo il mio bel pigiamone di pile, con tanto di orsacchiotto sul petto che mi dà un po' il senso di famiglia, e vado a letto, facendo un brevissimo replay della mia intensa giornata.

Sono grata all'universo per ogni singolo momento vissuto nella totale abbondanza. Sono grata alla Vita per ogni esperienza offerta che mi ha condotta fin qui. Nemmeno immagino di poter avere ancor di più di ciò che già ho: la salute, l'amore per la vita e la pace interiore. Ma so che il viaggio continua! Ci sono ancora molte strade da percorrere, molte destinazioni da scoprire e molte altre avventure da vivere. Ed io sono pronta ad affrontarle tutte, dalle più alle meno belle. Perché ho capito che non esistono cose tanto brutte, se non il vivere con ingratitudine. Perché qualsiasi strada è più importante della destinazione e l'unico modo per avere come compagna la felicità è seguirla a qualunque costo.

Chiudo gli occhi e mi lascio cullare dalla melodia delle onde che si infrangono a riva. Con il sorriso sulle labbra e il cuore leggero, lascio che la mia anima si liberi e voli alla scoperta di nuovi mondi. E domani, se avrò il lusso di riaprire gli occhi, quando il sole sorgerà all'orizzonte avrò un nuovo giorno da vivere e una nuova storia da raccontare a tutti coloro che incontrerò sulla mia strada.

A te che hai letto fino a qua… c'è una sorpresa per te!

**Inquadra il QR Code
per accedere al CAPITOLO SEGRETO**